Widmung:

Dieses Buch ist gewidmet all den Menschen, die unbeirrt für ihre Visionen gekämpft haben.

Und es ist gewidmet den Menschen und Wesen, die da noch kommen werden und die eintreten werden für die Öffnung unserer kleinen Welt hin zu den größeren Wirklichkeiten jenseits unserer Grenzen und unserer Vorstellung.

Vorwort

Nein, es war kein einfacher Weg zum Buch oder besser gesagt zum Bücher schreiben. In meinem ersten Buch ging es um sehr böse, sehr schlimme Dinge, die mein Leben verfolgt haben und über Strecken zur Hölle gemacht haben. Ich musste mir das von der Seele schreiben. Ich musste da durch. Es war eine Tauchfahrt durch sehr dunkle Materie. Und es wurde ein Kampf mit den Elementen, der sich über viele Jahre zog. Herausgekommen sind dabei bis heute vier Auflagen meines ersten Buches. Irgendwann in diesem Prozess wurde in mir der Wunsch immer lauter, nicht nur über negative, dunkle Dinge, sondern endlich auch wieder über positive, erfreuliche Dinge zu schreiben. Und das Ergebnis ist dieses Buch, das einen Blick nach vorne in die Zukunft wirft. Dabei geht es aber weniger um die Zukunft des rasanten technologischen Fortschritts, der ein bisschen zum goldenen Kalb unserer Zeit geworden ist, sondern hier steht im Mittelpunkt der Mensch und der „menschliche Fortschritt", der sich zur selben Zeit vollzieht, wesentlich langsamer zwar und seinen eigenen Gesetzen folgend. Als typischen Wassermann war mir die Sicht von hoch oben auf weite Räume schon immer näher als die Beschäftigung mit dem Boden, auf dem die Füße eigentlich stehen sollten. Daran hat es dann immer gefehlt... Sei dem wie es sei, ich freue mich jetzt mit diesem Buch mein erstes durch und durch positives und zukunftsorientiertes Buch präsentieren zu können. Ich hoffe, Sie finden es ein interessantes und lesenswertes Buch. Aber Sie sind der Richter. Und ich beuge mich Ihrem Urteil. Vielen Dank.

Autor:

Geboren 1947 im Bayerischen Wald, sensibles, eher schwächliches Kind,
Jugend überschattet von schwerer Erkrankung
1967 Abitur, 1969-72 Uni München, kein Abschluss wegen gesundheitlicher Probleme,
1976-78 Anschluss an fahrende Theatergruppe, 1979 eigener Bauernhof
1980 Beginn der Research Arbeit, die die Grundlage meines ersten Buches ist,
1985-86 erneute rapide Gesundheitsverschlechterung,
1986 Auswanderung, zunächst nach Australien, 1987 nach Neuseeland,
1988 Heirat, Entscheidung für den spirituellen Pfad, 1990 Scheidung,
1990 Kristall- und Esoterikladen in Auckland eröffnet, 1993 weiterer Laden eröffnet.
1995-96 erneut schwere Krankheit, Ende 96 Geschäftskollaps, psychische Krise.
Anschließend verschiedene Arten von Therapie inklusive Gruppentherapie und Studium der ayurvedischen Heilung begonnen,
2002 Anschluss an spirituelle Gruppe, Anfang 2005 Indienreise, Ende Februar 2005 Unfall in Indien, zwei Monate in indischen Krankenhäusern,
April 2005 Auf Bahre im Flugzeug nach Frankfurt gebracht in Begleitung eines indischen Arztes, über ein Jahr In deutschen Krankenhäusern,
lebe seither als querschnittsgelähmter Patient in Frankfurt, seit August 2007 in eigener Wohnung. 2008 Arbeit an meinem ersten Buch begonnen.
.

Karl Eduard Gareis

Die neue Fitness

Wege in die Zukunft

Webseite:
www.dieneuefitness.jimdo.de

Frankfurt, den 22.8. 2014
Impressum
97837322999645
Herstellung und Verlag
BoD - Books on Demand, Norderstedt

Disclaimer:

Für dieses Buch gilt:
Jede Ähnlichkeit mit lebenden oder toten Personen ist *nicht* beabsichtigt, sondern rein zufälliger Natur und höchst bedauerlich:
so ein blöder Zufall, tut mir wirklich leid.

Links: der Autor identifiziert sich nicht mit dem Inhalt der Webseiten, zu denen angegebene Links führen und übernimmt für deren Inhalt keine Verantwortung!

Das Projekt „Die Neue Fitness" ist nur eines von einer ganzen Reihe von Zukunftsprojekten, die hier vorgestellt werden. Wir begeben uns auf eine kleine Reise geleitet weniger vom Gedanken an den technologischen Fortschritt, als vielmehr vom Gedanken an unsere Entwicklung als Menschen und als menschliche Gesellschaft. Manche der Projekte sind aber eher Entwürfe für das hier und jetzt, dort wo ein großer Nachholbedarf besteht an Reformen, um den Anforderungen unserer Zeit gerecht zu werden.

Inhaltsverzeichnis:

VORWORT	1
TITELSEITE	3
INHALTSVERZEICHNIS	4
ZUKUNFT	5
DIE NEUE FITNESS	8
DIE NEUE VERBUNDENHEIT	20
DIE GEISTESFABRIK	29
VERWAHRANSTALT	58
DIE ZUKUNFT HEIßT SCHWINGUNG	79
CLINIC OF LIGHT	90
DIE VIERTE HAUT	99
STREUSANDBÜCHSE	115
VORGESCHICHTE	122
STIFTUNG	134
ANHANG UND AUSBLICK	136
DANKESCHÖNSEITE	139

1) ZUKUNFT

Wir leben in schnellen Zeiten. Wir haben uns daran gewöhnt, dass eine technische Revolution die nächste ablöst. Alle zehn Jahre treten wir ein in einen neuen technologischen Kosmos mit ungeahnten neuen Möglichkeiten. Zukunftsforscher erzählen uns, wo wir in 10, 20 oder 50 Jahren sein werden. Vom fliegenden Auto ist wieder mal die Rede (nicht zum ersten Mal) und viel ist die Rede von neuen Raumabenteuern. Reisen zum Mars stehen neuerdings auf dem Programm. Und es ist natürlich die Rede von neuen Wunderwerken der Technik, Maschinen und Gadgets. Und wir Menschen? Auch wir Menschen verändern uns und wir haben dabei unsere ganz eigene Entwicklungsdynamik. Wir fragen uns in diesem Buch, wo werden WIR sein in 10 oder 20 Jahren? Als Menschen und als soziale Wesen, Familie, Gesellschaft, was wird sich am meisten verändern und wie wird es sich verändern? Gibt es einen Gestaltungsprozess? Gestalten wir bewusst unsere Zukunft oder gleiten wir auf einem langen Förderband wie ein Paket umgeben von Bildschirmwirklichkeiten ohne Sicherheitsgurt und Notbremshebel in ein sog. neues Zeitalter? Im Moment sieht es nach Letzterem aus.

Wir lassen uns blenden von den Verheißungen neuer Technologien und blicken wie gebannt auf dieses neue Firmament, das uns zu neuen technologischen Höhen tragen soll. Was hindert uns eigentlich daran unsere zukünftige Entwicklung bewusst in die Hand zu nehmen und zu steuern? Dieses Buch möchte Sie einladen zu einer kleinen Zukunftsreise mal weniger unter dem Aspekt der technologischen Entwicklung, sondern in erster Linie unter dem Aspekt unserer menschlichen Entwicklung, die sich gleichzeitig vollzieht. Und es möchte Sie ermutigen, sich einmal bewusst zu fragen, welche Entwicklung Sie selbst sehen möchten. Und das Buch möchte Ihnen gerne zeigen, dass es einen großen Unterschied macht, wenn wir uns bewusst mit Zukunftsentwicklungen auseinandersetzen, die unsere menschliche Entwicklung im Mittelpunkt haben.

Und wir brauchen Visionen und an oberster Stelle brauchen wir Visionen für die Zukunft, die weit genug nach vorne reichen, heraus aus den Kreisläufen, in denen wir gefangen sind. Und Visionen, die nicht beherrscht sind von einem einseitigen Technologiedenken und einer einseitigen Orientierung auf den wissenschaftlich-technologischen Fortschrittsgedanken. Visionen, die vom Menschen ausgehen und den Grundbedürfnissen, mit denen wir in diese Welt eintreten und die uns unser ganzes Leben begleiten.

Wir haben ein Recht auf unsere Zukunft und die Zukunft unserer Kinder. Wir haben ein Recht und eine menschliche Pflicht, heute die Grundsteine zu legen für eine Welt, die wir für uns, für unsere Kinder und Kindeskinder wünschen und eine Welt, in die wir auch gerne wieder zurückkehren, falls das unser Weg sein sollte. Als Erwachsene ist es unsere Aufgabe, die Fehlentwicklungen der Vergangenheit zu erkennen und daraus die Konsequenzen zu ziehen, damit unsere Nachkommen eine bessere Startposition haben für die Herausforderungen, die auf ihre Generation zukommen. Wir können nicht auf jemand anderes warten und schon gar nicht auf die Politiker. Das wird nie funktionieren. Wir können nicht darauf warten, dass die Politiker „einsichtig" werden und das Richtige für uns machen. Wir als mündige Bürger und als freie Gesellschaft müssen die Initiative übernehmen. Dies ist ein freier Wille Planet. Dafür sind wir hier. Machen wir von diesem freien Willen Gebrauch. Das 11. Gebot: wir haben das Recht und auch die Pflicht, unsere Zukunft zu wählen und zwar mit mehr als einem Kreuzchen auf dem Wahlschein.

Wir fragen uns, wohin geht unser immer schneller werdender technologischer und wissenschaftlicher Fortschritt und wie können wir diesen wachsenden Kosmos unserer Möglichkeiten am besten einsetzen, um nicht nur unseren Hunger nach Innovation und nach Eroberung neuer Räume zu stillen, sondern auch unseren humanitären Zielsetzungen am besten gerecht zu werden. Wir fragen uns, worin liegen die größten Herausforderungen und auch die größten Gefahren für unser kleines Boot in den nächsten 50 Jahren und was können wir tun, Fehlentwicklungen rechtzeitig zu erkennen und gegenzusteuern und das Boot in Gewässer zu führen, deren Wellen uns alle tragen, so wie wir sind und sein wollen. Für eine Zukunft, an deren Gestaltung wir teilhaben und in der wir unsere Wünsche und Ziele wiedererkennen.

Für unsere Ausblicke in die Zukunft verwenden wir einen "Zukunftsprojektor", den wir immer wieder mal einschalten. In diesen Zukunftsprojektor fließen nicht nur lineare Projektionen und Entwicklungen mit ein, sondern auch die Erkenntnis, dass sich die Entwicklung des Menschen in Wellenbewegungen vollzieht. Jenseits aller linearen Entwicklungen tendieren wir Menschen dazu, von einem Extrem ins andere zu fallen und jeder extreme Ausschlag in eine Richtung produziert Gegenströmungen, die das Schiff schließlich in eine neue Richtung steuern.

Wir haben es noch immer nicht gelernt, unsere Lernprozesse und "Pendelausschläge" mit Maß und Ziel und einem Gespür für die Mitte und den richtigen Ausgleich zwischen den Polaritäten zu manifestieren. - Bis wir das gelernt haben, ist es wie auf einem Mississippidampfer: wie auf ein Kommando laufen plötzlich alle nach Steuerbord bis der Dampfer beginnt, sich gefährlich auf die Seite zu neigen und kurz vor dem Kentern beginnen alle zur anderen Seite zu laufen und es dauert nicht lang und unser Schiffchen beginnt sich auf diese Seite zu neigen und so setzen wir unseren Ritt auf den Wellen fort und es wird nie langweilig auf unserem Törn, solange bis wir lernen über unseren Tellerrand hinaus zu blicken und in

Kategorien zu denken und zu handeln, die über unsere momentanen Sorgen und Nöte hinausreichen und die sich öffnen für größere Räume und größere Zusammenhänge.

Wir konzentrieren uns im folgenden auf die Bereiche Heilung, Erziehung und sanfte Technologien. Vor allem im letzten Jahrhundert haben mächtige finanzielle Interessen die freie Entwicklung von Wissenschaft und Forschung in Richtungen gedrängt, die mehr der Industrie als dem Menschen dienten. Bevor wir also groß von der Raumfahrt und dem Flug zum Mars reden, sollten wir unser eigenes Raumschiff Erde fertig machen für einen weniger beschwerten Flug um die Sonne. Also, wir werden uns jetzt mal auf eine kleine Reise begeben und uns ein paar Projekte und Visionen ansehen, die auf unserem Weg liegen. So und wir machen jetzt einen kleinen Sprung, bevor ich wieder zu viele große Worte spucke und übergeben das Wort an unseren Zukunftsprojektor und sehen, was er uns zu erzählen hat. Das erste Beispiel handelt von einem "gewichtigen" Kult dieser Tage: dem Kult der muskelbepackten, starken Männer: Bodybuilding und Fitnesscenter und ein kleiner Ausblick auf die Entwicklungen, die wir erwarten dürfen, wenn das Pendel wieder in die andere Richtung ausschlägt. Also: Zukunftsprojektor an.

2) DIE NEUE FITNESS

Der menschliche Weg ist gepflastert mit Extremen. Wie ein Pendel schwingen wir von einem Extrem ins andere. So gab es z.B. in den letzten 50 Jahren eine starke Entwicklung hin zu einer sehr einseitigen Form des Körpertrainings, das in einem sehr starken Maße ein Spiegel unserer Zeit ist. Wir separieren Geist und Körper und blicken von außen auf das Bild des Körpers. Wir lassen alles andere zuhause und bringen sozusagen nur den Körper und unsere Muskeln mit, wenn wir ins Gym oder Fitnesscenter gehen. Aber ist das wirklich so gesund und gesundheitsförderlich, wie man uns gerne einredet? Ich möchte das hier in Frage stellen. Und ich gehe sogar noch weiter:

Ich behaupte, dass man in 50 Jahren auf die Bilder oder Filme von Bodybuilding, maschinenstrotzenden Fitnesscentern und als i-Tüpfelchen das Powerwalking verweisen wird, wenn man über den Geist oder Ungeist der Menschen in dieser Epoche redet - der Epoche, in der die Bilder das laufen gelernt hatten und nun unaufhörlich von allen Seiten hereinströmen auf die Rezeptorzellen der menschlichen Gehirne... Kein Wunder, dass der Mensch unter dem Ansturm dieser Bilderflut sich groß und stark machen will für die Welt da draußen...

Gut, ich höre die Proteste der Gläubigen, aber nehmen wir uns doch mal einen Moment Zeit und sehen wir einmal etwas genauer hin: Im Fitnesscenter werden gezielt Muskeln trainiert und aufgebaut in einer möglichst effektiven Art und Weise. Das Problem dabei ist, dass dies "von außen nach innen" geschieht unter Zuhilfenahme mechanischer Hilfsmittel mit einem "mechanischen" Takt und unter Umgehung des körpereigenen Energiesystems und der körpereigenen Dynamik und Motorik, die "von innen nach außen" arbeiten und die normalerweise gewährleisten, dass jedes Wachstum im Körper in den gesamten Organismus - einschließlich Gehirn - perfekt integriert ist. Das ist bei einem mechanischen Fitnesstraining leider nicht der Fall: die Bewegungsimpulse kommen nicht von innen, sind also nicht verbunden mit unserem inneren Rhythmus.

Die dadurch gewonnene Fitness ist die Fitness einer äußeren Hülle, mit der wir uns um so mehr umgeben, je mehr wir trainieren. Die neu gewonnene Stärke ist die Stärke einer Panzerung, die wir uns zulegen, ohne es sofort zu merken. Es tut mir leid, was hier als Gesundheit unter dem Label Fitness verkauft wird, ist nicht ganzheitlich, betrifft nicht die Gesundheit des ganzen Menschen, sondern nur die sichtbare Fitness einer äußeren Hülle, mit der wir uns zunehmend umgeben, ohne dass wir das zunächst merken. Es ist sozusagen eine statische Fitness, keine dynamische wie sie die Natur trainiert. Aber zunächst einmal trägt es zum äußeren Schutzwall bei und wir fühlen uns nach außen stärker...

Ich muss zugeben, ich war da schon immer extrem voreingenommen. Diese Bilder von so einem muskelbepackten Mr. Universum erweckten bei mir schon immer so Gefühle wie Tierzuchtschau, Bullenmast - tut mir leid. Und wenn man dann genauer hinsieht beim Leitbullen, dem Mr. Universum: überall strotzen kiloweise die Pakete, aber beim wichtigsten Muskel strotzt kein XXLPaket durch die Badehose. Ehrlich gesagt, das muss ziemlich lächerlich aussehen, wenn Mr. Universum mit seinen riesigen Paketen überall, wenn er dann die Hosen fallen lässt zuhause... eigentlich würde man da schon etwas äquivalentes erwarten... ich weiß, ich bin böse...

Aber auch hier wird das Pendel wieder schwingen und den Weg frei machen für eine neue Ära und eine neue Schwingung und für einen Fitnessgedanken, der bewusst den gesamten Menschen einschließt. Es dauert immer ein, zwei Generationen bis eine Schwingung wieder freigegeben wird und der Platz frei ist für eine völlig neue Richtung und eine neue Schwingung. Und die ersten Anzeichen sind auch heute schon zu erkennen in dem manche Fitnesscenter expandieren in Richtung Wellness. So und ich kürze meine lange Vorrede hier etwas ab und wir springen jetzt einmal ein wenig nach vorne.

Gesucht wird das Fitnesscenter von morgen: wie könnte das aussehen, ein **"integratives oder ganzheitliches Fitnesscenter"**, zu dem man den ganzen Menschen mitnimmt, nicht bloß den Körper? Zukunftsprojektor an: Es wird eine große Richtung geben, die vor allem den Bedürfnissen von Familien entgegenkommt. Familien gehen in solche Familiencenter zusammen mit ihren Kindern ab Krabbelalter oder man trifft sich dort mit einer ganzen Gruppe von Freunden. Es wird hier nicht nur die Fitness des Systems Mensch in seiner Gesamtheit, also Körper und Geist, sondern auch das System Mensch in seinem Umfeld trainiert durch das Erlebnis gemeinsamen Spielens, Tobens, Trainierens usw.. Gerade diese Fitness wird heute immer wichtiger, die Fitness nach außen, die Fitness unserer Öffnung, unserer Beziehungsfähigkeit, unsere zwischenmenschliche Fitness. Was nützt uns die Fitness unserer Muskeln, wenn wir uns immer mehr verschließen und mit Panzern versehen, oft ohne es zu merken.

Diese Familienzentren muss man sich sehr viel größer vorstellen als heutige Fitnesszentren, im Idealfall als kombinierten Familien-, Wellness- und Erlebnispark, der ein ganzes Gebäude ausfüllt u.U. einschließlich Umland. Es wird also dann selbst in einer größeren Stadt wie Berlin nur einige wenige Familienparks dieser Größenordnung geben. Natürlich wird es auch kleinere spezialisiertere Zentren geben, aber die Entwicklung wird in die Richtung großer Zentren gehen, die wegweisend sein werden. Einige Zentren leisten sich einen eigenen Sport- und Notfallmediziner, der mehrmals am Tag Vorträge und Demonstrationen gibt und individuelle Ratschläge erteilt und natürlich in Notfällen zur Stelle ist. Andere Zentren sind mit einem Gesundheitszentrum gekoppelt, in dem mehrere Ärzte praktizieren, die einen medizinischen Bereitschaftsdienst für das Zentrum unterhalten. Besonderer Wert wird bei dem gesamten Zentrum auf eine hocheffektive Frischluftversorgung gelegt, im Winter mit Wärmetauschern, um Körpergeruch und Schweiß abzusaugen und in einigen Räumen mit besonderen „Intensivprogrammen" ist der Sauerstoffgehalt leicht erhöht. Manche der Räume besitzen einen weichen Boden, um die Verletzungsgefahr bei Stürzen zu verringern. So und jetzt betreten wir eines der großen Zentren.

Im Erdgeschoss befindet sich die „offene Stufe" mit einer großen Palette von Angeboten. Darunter gibt es einen großen Spielraum mit einem XXL Familientrampolin, XXL Krabbelröhren, ein Versteckspiel Labyrinth mit Spiegeln, eine Ecke mit einem Monster Lego und ein Röhren Lego, mit dem sich große Schlangen bauen lassen. Und nicht zuletzt eine Zirkusecke mit allen Arten von Herausforderungen: Schwebebalken, Schlappseil, Spannseil, Rola Bola und noch etwas radikalere Balancieroptionen und von einer Videotafel aus wird Jonglieren gelehrt einschließlich das Balancieren von Objekten auf dem Kopf, was eine der besten Methoden ist, eine perfekte Körperhaltung zu trainieren. Und etwas abgetrennt ist eine Kinderkrippe mit einem Betreuer, um den Eltern und Geschwistern Raum zu geben, ihre Programme in den oberen Stockwerken zu absolvieren.

In einem weiteren Raum finden unter Anleitung Kreisspiele verschiedenster Art statt (besonders wertvoll für Behinderte, vor allem für geistig Behinderte). Aber es gibt da auch Trommeln, Rhythmus- und andere geeignete Instrumente, um mit Kindern Musik zu machen. (Ein wenig Carl Orff wäre natürlich gut und pentatonische Instrumente erleichtern das freie Improvisieren mit Kindern - nur ein Gedanke.) Und dann gibt es im offenen Teil selbstverständlich auch ein Jugendprogramm mit einem Einstiegsprogramm für Jugendliche, wo unter Bildschirmanleitung und der richtigen Musik verschiedene Tanzformen wie Break Dance etc. laufen. Dasselbe gibt es dann auch bei den Intensivprogrammen in den oberen Stockwerken nur mit entsprechend mehr Pepp und Feuer für die Beinmuskulatur.

Um Zugang zu den Intensivprogrammen zu bekommen, besucht man zuerst einen Trainingsraum, in dem unter professioneller Anleitung ein Lockerungsprogramm läuft. Man macht dort für 10-15 min ein Lockerungs- und Aufwärmprogramm und bekommt dann einen Stempel, der den Weg öffnet für die Intensivprogramme, zu denen natürlich kleinere Kinder nicht mehr zugelassen sind. Der Unterschied bei den Intensivprogrammen ist, hier darf gepowered werden und es dürfen Grenzen ausgelotet werden. Einige der Programme finden in schallisolierten Räumen statt und da gibt es einmal ein Afroprogramm: Drumdance zu afrikanischen Trommelrhythmen spielt eine ganz wichtige Rolle im Loslassen unserer europäischen Kopflastigkeit, dazu ebenso Trommelkurse und -sessions. (Wünschenswert wäre ein „Szeneraum" mit Palmen und Sandboden und Tierstimmen. Für die Trommelkurse erfüllen Sandboden und Palmen einen mehrfachen Zweck: afrikanische Trommeln in großer Anzahl bei Trainingsveranstaltungen können in einem normalen Raum oder Halle ungeheuer laut sein und jede Dezibel Grenze überschreiten. Der fehlende Hall kann notfalls elektronisch ausgeglichen werden. Aber vor allem für die Füße ist der Sandboden wichtig - Schuhe werden hier ausgezogen. Füße gehen vorher und nachher durch einen desinfizierenden flachen Whirlpool mit Intensivdüsen zur zusätzlichen Fußmassage.) Das

Afropro-gramm ist für die Art von Erdung sehr wichtig, die uns Europäern abhanden gekommen ist.

Aber diese Programme sind nicht nur da, um Fitness zu trainieren, auch ganz konkrete therapeutische Zwecke können hier verfolgt werden. Nehmen wir ein Beispiel: ADHS. Ein wachsendes Problem mit vielen Heranwachsenden. Heute ist das als Krankheit fest etabliert und es wird sehr viel mit diesen Kindern gemacht. Aber das große Problem ist immer wieder diese Statik, die wir ständig dabei produzieren. Wir etablieren diese Krankheit als einen Ist-Zustand: das ist das und du hast das usw.. Das ist das alte Problem mit dem Widerspruch zwischen der dynamischen Funktionsweise der Natur, die in Kreisläufen funktioniert und wo alles mit allem verbunden ist und sich ständig in Bewegung befindet und der unnatürlichen, linearen, zweidimensionalen Funktionsweise des menschlichen Gehirns.

Wir definieren statische Ist-Zustände und hantieren uns von einem Ist-Zustand zum nächsten. Aber bewusstseinsmäßig gefrieren wir dadurch solche statischen Zustände ein. Wir gehen das Problem viel zu sehr vom Kopf an. Wir müssen zu den Wurzeln des menschlichen Energiekörpers vordringen und völlig von unten anfangen. ADHS lässt sich nicht vom Kopf her in den Griff bekommen. Die Therapie muss von unten her, von den Füßen beginnen und der Energieüberschuss muss raus: Afro Dance, Power Dance etc. Die Hyperaktivität links überholen. Bis zur Erschöpfung. Und wichtig ist die Stimme: die kleinen und großen Kinder dazu bringen alles rauszulassen, hemmungslos heraus schreien. Und: Rhythmus, Rhythmus, Rhythmus, tanzen, trommeln. Ab in den Urwald. Trommeln ist elementar wichtig, gerade auch für die Kleinen.

Wichtig bei der Neuen Fitness ist, dass mit dem Körper auch das Verhältnis zwischen Kopf und Körper im positiven Sinne trainiert wird. Unser Kopf benimmt sich heute als eigenmächtiger Diktator und wird darin durch unsere kopflastige Lebensweise und Denkweise bestärkt. Wir geben Befehle von oben nach unten, von außen nach innen und werden dabei von den ganzen strukturierten Gesundheits- und Fitnessvorgaben bestärkt. Wir wollen beim Training ständig den inneren Schweinehund besiegen und dabei benimmt sich unser strukturierter Wille wie Gestapo und SS zusammen, um den armen Körper unter das Diktat des kleinen Hitler im Kopf zu bringen. Bei der Neuen Fitness befreien wir uns für ein paar Stunden von diesem unnatürlichen und keineswegs gesunden System.

Wir geben dem Kopf eine Auszeit. Wir drehen den Spieß einmal um, die Neue Fitness funktioniert von unten nach oben, von innen nach außen. Wir entdecken die Lust am Körper, die Lust an der Bewegung, wir folgen unserem Spaß. Wir springen wieder wie kleine Kinder, wir schütteln das Zwangskorsett des alten Fitnessgedankens ab. Und wir vertrauen auf unsere innere Stimme. Der Körper weiß am besten, was für ihn gut ist, wenn wir ihn nur lassen. Die Füße übernehmen das Kommando, sie geben den Rhythmus vor, der von unten nach oben durch den Körper fließt. Und irgendwann werden wir merken, dass das von Anfang an das natürliche war für den Körper, dem Spaß der Bewegung zu folgen und das Kind im Manne/Fraue wieder zuzulassen und den Kopf da oben mit seinem ganzen Wissenskram für einen Abend aufs Altenteil zu schieben...

Zurück zum Zentrum: Essenziell wichtig für die neue Fitness ist also das Training, das die Energie nach unten in die Beine bringt, weg von der Kopflastigkeit, wie also das Afroprogramm. Das nächste ist ein Körper- und Bewegungstraining, ein Art Grundtraining, das aus der Theaterarbeit her kommt. Das versöhnt sozusagen Kopf und Körper wieder ein wenig miteinander auf einer neuen Basis und legt wichtige Grundlagen für die Selbstfindung durch das Instrument des Körpers und vermittelt eine hohe Körperpräsenz, wichtig dabei ist z.B. der schnelle Wechsel zwischen „move" und „freeze", zwischen bewegen und erstarren, und vieles mehr aus der Theaterarbeit, was die Körperpräsenz enorm steigert. Das sollte eigentlich jeder absolvieren, bevor er sich zu sehr spezialisiert. Das braucht natürlich einen Trainer. Grundsätzlich werden die verschiedenen Programme teils von Bildschirmanleitung und manche von Trainern geleitet, einige Trainer sind unterwegs als Springer und greifen dort ein, wo sie ein Problem sehen.

Ein großer Teil des "Intensivzentrums" ist jedoch dann fernöstlichen Körpertechniken gewidmet, von Tai Chi bis Taekwondo und Kung Fu, für die auch Kurse angeboten werden. Letzteres ist zwar die intensivste der östlichen Kampfsportarten, aber es hat das größte Kapital für tiefgreifende Veränderung und enthält alles um jungen Menschen und insbesondere gefährdeten Jugendlichen die Art von Selbstbewusstsein und innere Stärke zu verleihen, die sie brauchen, um ihr Leben selbstbestimmt in die Hand zu nehmen. (Klar ist, dass ein solches Zentrum nicht denselben Level an raining bieten kann wie die fernöstlichen Tempel und Schulen, aber es öffnet Türen. Nicht umsonst gehört dieses Training mehr und mehr zum Ausbildungsprogramm von Führungskräften im Westen.) Es gibt einen schallisolierten Musikraum, geeignet für Jamsessions, ausgestattet mit allen Arten von Schlagzeugen, Trommeln, Rhythmusinstrumenten und elektronischen Instrumenten. Zusätzlich ein "Do it yourself" Tonstudio zum Aufnehmen der eigenen CD (auf Wunsch kann man einen Toningenieur mieten, der auch einen Einführungskurs gibt). Daneben gibt es noch eine Reihe anderer Angebote wie einen „Gummiraum" mit Boxecke und anderen Angeboten zum Aggressionsabbau - Jugendliche animieren, alles loszuwerden, sich auszupowern - körperlich, aber auch musikalisch, soundmäßig, alle Aggressionen rauszulassen.

Es gibt aber auch sanftere Angebote wie ein Massagezentrum, wo unter Anleitung verschiedene Formen von Massage gelehrt werden und nicht zu vergessen ein Yogazentrum. Dann gibt es ganz oben einen größeren Eventraum mit größerer Höhe und speziellen Akustikeigenschaften, der auch für verschiedene Events gemietet werden kann, jedoch sind der Morgen und ausgewählte Abende überwiegend dem Singen und der Chorarbeit vorbehalten. Eine Besonderheit ist, dass z.B. der Hall verschiedener Räume und auch großer Kirchen simuliert werden kann und dass auch eine Art Karaoke für Chorarbeit ermöglicht wird. (Denkbar wäre auch eine Dedikation, eine Weihung dieses Raums als "InterChurch" für gemeinsame Gottesdienste verschiedener Religionen, eine Bewegung, die in anderen Teilen der Welt erste Anfänge genommen hat und die irgendwann auch hier noch Fuß fassen wird.) Nicht zu vergessen die gute alte Karaoke Bar im Erdgeschoss.

Und in den großen Zentren gibt es einen ausgedehnten Wellness Bereich mit Sauna, türkischem Dampfbad und Banja etc.. Und hier sind der Bandbreite keine Grenzen gesetzt. Die Programme werden sich fließend weiterentwickeln mit den Bedürfnissen und Wünschen der Kunden. So jetzt muss ich langsam aufhören, denn sonst fallen mir noch mehr Varianten ein. Aber ich denke mir, die Idee dahinter ist jetzt schon klar. Manche Zentren sind angeschlossen an einen kleinen Park, wo man abkühlen kann, und wo Unentwegte sich für Kreisspiele treffen etc.. Was es auch geben wird, sind größere Spielplätze in Parks wie in China, wo Menschen jeden Alters zusammenkommen für Körpertraining und vor allem wenn Kinder dabei sind für Kreisspiele verschiedenster Art - man wird irgendwann entdecken, dass es noch andere Wege zu spielen gibt als nur immer Bälle zu kicken. Aber grundsätzlich ist die Richtung klar: weg vom externen Fokus auf den Körper und die Muskeln und weg von dem „ich muss trainieren um fit zu bleiben" und hin zum gemeinsamen Spaß mit Freunden oder mit der ganzen Familie.

Es wird natürlich auch kleinere automatisierte* Zentren geben, in denen große Bildschirme die Arbeit des Animateurs übernehmen, wo man mal schnell 1 Stunde am Morgen oder zwischendurch hingeht für verschiedene Arten intensiven Trainings - kann ebenso vom Yoga bis zum Kung FU reichen. *(Manche davon angeschlossen an eine Arztpraxis oder ein Therapiezentrum, damit bei Verletzungen schnelle fachmännische Hilfe bereitsteht.) Und dann wollte ich noch etwas zu Aerobics sagen. Mir ist da bei dem, was ich gesehen habe, zuviel Kopf, zuviel getaktet und zuviel von außen nach innen. Der Kopf muss loslassen und für eine Zeit das Regiment an die Beine abgegeben. Es scheint aber neuere Formen zu geben, die etwas anders sind. Aber da weiß ich zu wenig.

So und jetzt gehen wir wieder zurück zu der heutigen Praxis, mit der Fitness praktiziert wird. Wir leben in einer Zeit des Umbruchs und wir suchen nach etwas, woran wir uns halten können, was uns Sicherheit und Selbstvertrauen gibt. Hierin liegt für mich einer der tieferen Gründe, warum Aerobic und Fitnesstraining in kurzer Zeit eine solche Popularität erreicht haben. Der Mensch, der seine Unsicherheiten und Fragestellungen mit hereinnimmt, erhält durch die mechanisierten Bewegungen und den vorgegebenen Takt und Rhythmus für einen Moment einen Gewinn an äußerer Stärke, an Sicherheit und Selbstvertrauen, die sich auch physisch in dem Panzer der zugewonnenen Muskulatur manifestiert. Der Mensch legt sich eine nach außen gerichtete Stärke zu, die den Zugang zu den Quellen der inneren Stärke überdeckt mit einer äußeren Panzerung. Langfristig ist das der falsche Weg. Die Unnatürlichkeit der Bewegungen wird in besonderem Maße deutlich beim sogenannten Powerwalking. Der Körper steht dabei unter einem Höchstmaß an Spannung und was dabei trainiert wird, ist alles andere als gesund. Es gibt dabei eine ganz einfache Gleichung: unnatürlich = ungesund. Der Körper muss locker sein beim Trainieren, man soll immer vorher Lockerungsübungen machen vor einem intensiven Training. Training unter großer körperlicher Anspannung ist alles andere als gesund. Aber auch geistig ist das das falsche Programm.

Und noch ein anderer Punkt. Wenn man einmal in die Natur schaut bei schnellen Tieren z.B. Antilopen und natürlich noch extremer bei Insekten mit welch dünnen Muskeln und Beinen die Natur körperliche Höchstleistungen vollbringt, das sollte eigentlich zu denken geben. Ausschlaggebend ist nicht die Masse, sondern die Durchdringung dieser Masse, dieser Materie mit Energie. Und das fehlt beim mechanischen Antrainieren von Muskeln. Nach der Philosophie der heutigen Fitnessstudios sollten Muskelgiganten eigentlich Spitzenleistungen im Sport erbringen und es gibt tatsächlich ein paar Ausnahmen wie Gewichtheben, wo Masse von Vorteil ist, aber alles wo es auf Schnelligkeit und Körperbeherrschung ankommt, auf der 100 m Bahn oder noch extremer in der Zirkusakrobatik zeigt sich sehr schnell, dass eine antrainierte Muskelmasse wertlos, wenn nicht gar im Weg ist.

Das Problem ist die fehlende Integration in den Gesamtorganismus. Der Organismus ist kein Legobaukasten. Mit anderen Worten ein extremer „statischer" Muskelaufbau, der zum Selbstzweck wird, wirkt sich geistig negativ aus indem unweigerlich die statische körperliche Energie ihr statisches Äquivalent im Kopf produziert. Daran führt kein Weg vorbei. Der heutige Fitnessgedanke mit seiner einseitigen Fixierung auf Muskelmasse gehört mit zu den extremen aber logischen Auswüchsen einer materialisierten und damit auf äußere Werte und Bilder fixierten Gesellschaft.

Rückblende: Was machen Kinder seit Urzeiten, wenn sie gesund und fröhlich sind? Sie springen und tanzen. Sie veranstalten keine Wettkämpfe mit Stoppuhr oder beginnen Hanteln zu heben. Oder blicken wir auf die Völker, die noch im Einklang mit der Natur und mit ihren Traditionen leben. Auch hier ist es der Tanz, der im Zentrum des individuellen und des gesellschaftlichen Selbstausdrucks steht. Es ist der rhythmusorientierte und -gesteuerte Tanz, der die inneren Kanäle öffnet und die Verbindung herstellt zur Mutter Erde und den Welten darüber. Diese Art Tanzen ist die ursprünglichste Form des körperlichen Selbstausdrucks und der Regeneration. Hier fließen alle Kräfte zusammen, geistig, psychisch und körperlich, und verschmelzen zu einer Einheit. Wenn wir nach Gesundheit (und Regeneration) unseres Körpers suchen und nach der psychischen und geistigen Fitness unseres Menschseins, hier ist EINE wichtige Quelle. **Äußere Fitness ohne die Beteiligung unseres körpereigenen Energiesystems hat - psychisch gesehen - den Stellenwert einer Stützprothese, die den Status quo stützt und damit auch festschreibt.**

Aber es gibt noch einen ganz anderen, sehr wichtigen Aspekt. Langfristig bewegen wir uns auf eine Gesellschaft zu, in der es zum einen immer mehr pflegebedürftige Menschen gibt und zum anderen befinden sich auch außerhalb der Pflegeinstitutionen immer mehr Menschen und Familien in Situationen, wo dringend Therapien erforderlich sind. Aber hat das Land überhaupt so viele Therapeuten, wie erforderlich wären? Und wer kann das noch finanzieren? Grundsätzlich kann Therapie auf zwei Arten erfolgen, entweder analytisch von außen nach innen, also vom Kopf und dem Verstand über das individuelle Gespräch 1:1 oder synenergetisch von innen nach außen über die Aktivierung des Zentrums und des körpereigenen Energiesystems. Diese Arbeit kann viele Dinge in Bewegung und nach außen bringen und sie kann sehr tiefe Bereiche aktivieren, die mit unseren Überlebenskräften zu tun haben.

Intensive Bewegung, Tanz, Arbeit mit Rhythmus und Trommeln hat die Kapazität tiefe Bereiche der Psyche zu erreichen und erstarrtes Material in Bewegung und nach außen zu bringen. Es ist natürlich kein gleichwertiger Ersatz für eine Psychotherapie, aber es hat andere Qualitäten und die Kapazität, Druck wegzunehmen und Spannungssituationen zu entschärfen. Seine ganz große Stärke beweist es im Mikrokosmos einer Familie z.B., wo gemeinsame Gespräche oft sehr schwierig sein können. Eines der Grundprobleme unseres rationalen Verstandes ist, dass wir nur in statischen „Ist-Zuständen" denken können. Und als erstes geben wir diesen „Ist-Zuständen" einen Namen. Gesprächstherapien tendieren dazu, diese statischen Blöcke im ersten Anlauf nur noch mehr zu zementieren und sie fördern sehr häufig ein Opferbewusstsein.

Eines ist klar: Therapien, die auf der Aktivierung körpereigener Kräfte beruhen, gehört die Zukunft. Und: Therapien, an denen ganze Gruppen von Menschen inklusive Familien teilhaben können, gehört die Zukunft. (Daneben wird sich aber noch eine Vielzahl anderer Bewegungen entwickeln: z.B. das "Neighbourhood Coaching" und der "FamilyXchange" als erste vorsichtige Schritte heraus aus dem Getto der Kleinfamilie.) Und der ganz große Vorteil der Tanz- und Bewegungstherapien liegt natürlich im Verhältnis Therapeut zu Teilnehmer. Das wird im Normalfall von 1:20 bis 1:50 reichen, aber nach oben sind je nach Therapie wenig Grenzen gesetzt. Das ist eindeutig die Zukunft, da wir ohnehin zu sehr im Kopf leben und die Anzahl der Therapeuten immer begrenzt sein wird.

Zusammenfassung: die Familiencenter erfüllen eine therapeutisch sehr wichtige Funktion. Sie sind äußerst wichtig für den inneren

Zusammenhalt der Familie. Sie geben ihr die Möglichkeit einen Ausgleich zu schaffen zu den Entfremdungserscheinungen, die der moderne Alltag mit sich bringt (allein durch die wachsende Präsenz der Computer im Leben der Kinder und Jugendlichen z.B.). Familien die von Anfang an regelmäßig in ein Familiencenter gehen, werden später viel weniger den Kontakt zu ihren pubertierenden Teenagern verlieren, als das heute sehr schnell der Fall ist mit oft fatalen Folgen. So erfüllen diese Familiencenter eine Aufgabe, die weit über ein Fitnesscenter hinausgehen. Die Neue Fitness: Es geht wie gesagt nicht mehr nur um die Fitness von Muskeln und die Fitness des Körpers, es geht um die Fitness des ganzen Menschen, aber vor allem geht es um die soziale Fitness und insbesondere die Fitness der Gemeinschaft Familie. So, und jetzt kommt ein kleiner Ausflug in kommende technologische Entwicklungen. Ich bringe den aber nur, weil diese neuen Entwicklungen das Potenzial haben, den gesamten Gesundheitsbereich zu revolutionieren.

3) DIE NEUE VERBUNDENHEIT

Eigentlich wollte ich möglichst die technologisch orientierte Zukunftsschau aus diesem Buch heraushalten, weil wir ohnehin damit überfüttert werden, wenn von Zukunftsentwicklungen die Rede ist. Aber hier möchte ich eine Ausnahme machen, weil diese Entwicklung sehr viele Bereiche einschließlich des Gesundheitsbereichs beeinflussen wird: das Handy der Zukunft. Wir haben ja heute schon eine ungeheuer rasante Entwicklung mit den Smartphones und diese Entwicklung wird natürlich mit mindestens demselben Tempo weitergehen und dieses Smartphone der Zukunft wird sich immer mehr zu einer zentralen Schaltstelle und Kommandozentrale entwickeln. Klar ist, dass die Miniaturisierung immer weiter fortschreiten wird, wobei die einzige Einschränkung für längere Zeit die wünschenswerte Bildschirmgröße sein wird und die Größe der Finger, zumindest solange diese noch zur Bedienung gebraucht werden. Parallel dazu wird die Steuerung durch die Stimme einen immer größeren Raum einnehmen, was natürlich im Freien und in der Öffentlichkeit auf Grenzen stößt. Abhilfe wird ein spezielles drahtloses Flüstermikrofon schaffen. Und an der nächsten Stufe, der Steuerung durch Gedanken wird heute bereits gearbeitet. Da dürfen wir uns überraschen lassen.

Einstweilen kämpfen wir zunächst noch mit viel einfacheren irdischen Problemen mit unseren jetzigen Handys. Zum Beispiel das kleine tägliche Roulette: wo steckt mein Handy schon wieder, wo ist jetzt das Ladegerät schon wieder hingekommen? Wenn es hier z.B. an der Tür klingelt, kurze Zeit nachdem jemand sich verabschiedet hat, dann weiß man schon, ah der Gute hat sein Handy hier liegengelassen, was er natürlich sehr schnell merkt, spätestens wenn er dann die nächste SMS losschicken will. Also meistens ist es das Handy. Und natürlich Handys werden auch gerne mal verloren oder mitsamt der Handtasche gestohlen. Und da ist heutzutage nicht nur Geld weg, sondern zunächst auch viel gespeicherte Information.

Aber es gibt eine gute Nachricht: Hilfe naht, die Lösung all dieser täglichen Misslichkeiten wird kommen und das ist gar nicht mehr allzu lange weg. Nein, kein piepsendes Handy, wenn man seinen Namen ruft, viel eleganter: das Armhandy - nein, auch keine Sparversion und kein arme Leute Handy - sondern ein Armbanduhr Handy, einiges größer als eine Armbanduhr und mit querliegendem Bildschirm. Man nimmt es nachts ab und legt es aufs Ladegerät. Und hiermit öffnet sich eine riesige Palette von ganz neuen Möglichkeiten, die sich natürlich erst nach und nach voll verwirklichen lassen. Auf den Armbändern (bei den größeren Modellen sind es zunächst zwei Armbänder) befinden sich Metallkontakte und Sensoren, mit deren Hilfe ein ganzer Berg neuer Funktionen ermöglicht werden (u.U. mit Hilfe weiterer drahtloser Sensoren am Körper). Die wichtigste davon: das Armhandy ruft automatisch Hilfe herbei, wenn sein Träger einen Unfall oder plötzliche schwere Gesundheitsprobleme erleidet wie Atemnot, Herzprobleme etc.. Es kann in diesem Fall zum Lebensretter werden. Es meldet gleichzeitig die genauen GPS Daten, was im Falle von Abstürzen, Lawinenunglücken, Unfällen auf See oder generell im Wasser lebensentscheidend sein kann. Vor allem natürlich für alleinlebende und für ältere Personen sehr wichtig, dass das Handy z.B. bei einem Sturz sofort Hilfe holt.

Aber das ist im Gesundheitsbereich erst der Anfang der Entwicklung. Man muss in der Zukunft für eine Konsultation nicht immer gleich den Hausarzt aufsuchen, dieser kann via Armhandy und gezielten Fragen eine erste Schnelldiagnose stellen und dann entweder einen geeigneten Termin vereinbaren oder den Patienten zu dem richtigen Facharzt weiterleiten. In einer weiteren Version ist der untersuchende Arzt in der Lage via Armhandy Signale an den Körper zu übermitteln und anhand der Reaktion eine gezieltere Diagnose erstellen. In dieser Option liegt ein großes Potenzial für Perfektionierung, so dass in der weiteren Entwicklung immer genauere Diagnosen erstellt werden können. Ein großer Vorteil der Ferndiagnosen ist dann im Urlaub, dann braucht man nicht sofort im Urlaubsland einen fremden Arzt suchen, sondern kann zunächst den eigenen Hausarzt zuhause konsultieren.

Ein anderer ganz wichtiger Bereich ist der, dass das Armhandy bei der Einnahme von Medikamenten die Körperreaktionen sofort überwachen kann und damit kann z.B. die genaue Dosierung besser reguliert werden und u.U. auch die Einnahmedauer körpergerecht angepasst werden. Eine andere Funktion des Armhandys ist z.B. die Überwachung des Körpertrainings und anderer körperlicher Aktivitäten usw.. Und noch eine wichtige Funktion: das Armhandy kann seinen Träger gegen die Auswirkungen von Elektrosmog schützen, indem es wie bei der Tesla Uhr den Körper mit der natürlichen Schumannfrequenz versorgt, die dann den Körper weitgehend immun macht gegen den allgegenwärtigen Elektrosmog.

Ach so, bevor ich es vergesse: das wichtigste: wie telefoniert man eigentlich mit dem Armhandy? Entweder mit einem drahtlosen Headset oder man entscheidet sich für ein Modell, das zusammen mit einem konventionellen Handy funktioniert, dem Cohandy. Eingefleischte Handy Benutzer werden wahrscheinlich diese Version bevorzugen. Trotzdem hat der Headset einige unschlagbare Vorteile so z.B. beim Benutzen der Video, TV und Skype Funktion und er kann auch kombiniert werden mit den Kontakten für die Neurostim Funktionen hinter dem Ohr. Auch eine Miniatur Kamera kann neben dem Mikro in den Headset integriert werden. Bei der Cohandy Version schlägt das Armhandy Alarm, wenn sein Co mehr als 20 m entfernt ist, so dass man es nie mehr irgendwo vergessen kann. Es wird in der Zukunft auch spezielle kleine Frequenztuner geben, die man auf eine schmerzende Stelle auflegt, um den Schmerz zu lindern und die Heilung zu beschleunigen. Wahrscheinlich könnte man die Liste der Spezialfunktionen noch beliebig fortsetzen.

Des weiteren kann das Armhandy äußerst wichtige Funktionen im Straßenverkehr übernehmen und es bieten sich effektive Möglichkeiten entscheidend zur Reduzierung schwerer Autounfälle beizutragen in Zusammenarbeit mit entsprechenden Handy Pendants im Fahrzeug, deren Vorläufer heute bereits entwickelt werden. Und zum zweiten hat man dadurch ein Mittel, die Zahl der Autodiebstähle effektiv zu reduzieren. Es wird sehr schwierig werden, ein durch diese Technologie gesichertes Fahrzeug zu entwenden und damit wegzufahren. Das Fahrzeug besitzt in einer gesicherten schwarzen Box, die nur durch Zerstörung mit dem Vorschlaghammer oder einem Spezialwerkzeug geknackt werden kann, ein Pendant zum Armhandy, das mit diesem kommuniziert.

Der Fahrzeughalter gibt die Daten aller Fahrer ein, die das Fahrzeug benützen dürfen (für einen Werkstattbesuch besitzt der Fahrzeughalter einen speziellen Handyaufsatz, der auf jedes Armhandy aufgesteckt werden kann und der natürlich niemals im Fahrzeug aufbewahrt werden darf. Gleichzeitig wird immer der Fahrzeughalter vollautomatisch verständigt, wenn das Fahrzeug mit einem solchen Aufsatz bewegt wird, so dass er bei Missbrauch sofort einschreiten kann.) Voraussetzung ist natürlich, dass endlich manipulationssichere Zündschlösser eingebaut werden, was schon längst überfällig ist. (Möglichkeit 1: aus dem Schloss kommt nur noch ein dicker mehrfach abgeschirmter metallummantelter Kabelstrang heraus, bei dem es nicht mehr möglich ist, an einzelne Kabel heranzukommen und der direkt in die schwarze Box führt. Ich kann nicht verstehen, dass das nicht schon längst geschehen ist. Eine andere Möglichkeit ist das elektronische Zündschloss, das die Befehle elektronisch weitergibt.)

Die neuen „Fahrzeughandys" besitzen noch eine andere sehr wichtige Funktion, sie können vom Fahrzeughalter so programmiert werden, dass sie unterwegs ständig die Position des Fahrzeugs zum Fahrzeughalter weitergeben (das ist z.B. für Leihwagen Firmen, Taxiunternehmen, Bauunternehmen, Hilfsorganisationen, Polizeiorganisationen etc. wichtig und zum Teil wird das in anderer Form auch schon gemacht.). Und natürlich bei Unfällen werden sofort die GPS Daten an die Einsatzzentralen weitergeleitet. (Dieselbe Technik würde für alle Arten von Flugzeugen inklusive Gleitschirmen Pflicht, was eigentlich schon längst der Fall sein sollte.) Und dann ist da noch eine weitere sehr wichtige Funktion: ähnlich wie bei der schwarzen Box im Flugzeug zeichnet das Fahrzeughandy alle relevanten Fahrzeugdaten zyklisch auf inklusive Geräusche und Stimmen im Fahrzeug und außerhalb und inklusive dem Bild einer oder zwei kleiner Videokameras und bei einem Unfall stehen die Aufzeichnungen der letzten Minuten zur Verfügung.

Außerdem kann der Fahrer nach einer brenzligen Situation oder wenn er von einem Fahrzeug bedrängt wird, die Speicherung dieser Sequenz auslösen, um notfalls Anzeige erstatten zu können oder um Situationen zu dokumentieren. Dieses Material ist nicht nur für Gerichtsverfahren unersetzlich, sondern auch für gezieltes Fahrertraining. Mit einem Zusatzgerät kann der Fahrer auch eine ganze Fahrt festhalten, (das ist z.B. für Einsatzfahrzeuge aller Art wichtig, auch für diverse Unternehmen, die können z.B. ihre Fahrer gezielt schulen und man muss es zugeben, natürlich auch kontrollieren). Aber die Verkehrssicherheit ist einfach zu wichtig.

Aber zurück zur viel wichtigeren Funktion der Unfallvermeidung. Entscheidend ist, dass das Armhandy in der Lage ist, aus den Körperdaten Müdigkeitsparameter zu registrieren und bei Autofahrten notfalls sofort auf Weckmodus zu schalten und gleichzeitig via Fahrzeughandy die Warnblinkanlage zu aktivieren und gleichzeitig beginnen, die Geschwindigkeit zu reduzieren und den Fahrer aufzufordern, gegebenfalls die Autobahn zu verlassen und eine Ruhepause einzulegen. Eine weitere Generation von Armhandys wird dann in der Lage sein via Neurostimulation* die Körperschwingungen des Fahrers für bestimmte Zeiträume in einem positiven und ermüdungsfreien Feld zu halten (anstatt Aufputschmittel wie Speed zu nehmen) und wenn er dann eine Ruhepause einlegt, ihn auch zu unterstützen, einen sicheren und erholsamen Schlaf zu finden. Gleichzeitig könnte das Armhandy Alkoholsensoren besitzen und der Fahrer muss dann vor dem Start einmal kurz blasen, um sein Fahrzeug starten zu können.

Der nächste wichtige Bereich betrifft die Wohnung und hier können über ein „Wohnungshandy" sehr viele Bereiche ferngesteuert werden wie Heizung, Pflanzenpflege etc. und vor allem kann die Wohnung jederzeit mit Ton und Bild kontrolliert werden, auch vom Urlaub aus. Umgekehrt wenn in die Wohnung eingebrochen wird, wird der Wohnungsinhaber und der Hausmeister sofort alarmiert, der wiederum die Polizei informiert. Gleichzeitig filmt das Wohnungshandy den Einbruch über versteckte Kameras. Auch wenn die Rauchmelder oder Wassermelder auslösen, werden Wohnungsinhaber und Hausmeister sofort alarmiert. Der Entwicklung sind kaum Grenzen gesetzt. Ich habe das hier eingefügt wegen der Bedeutung dieser Entwicklung für den gesamten Gesundheitsbereich.

Neurostimulation ist reine Schwingungsmedizin und das ist eine Entwicklung, der meiner Meinung nach die Zukunft gehört. Hier liegt z.B. das Potenzial, den Körper immer in einem positiven Schwingungsfeld zu halten und damit viele Krankheiten gar nicht erst entstehen zu lassen. In der Zukunft wird es kleine Frequenzstimulatoren geben, die am Körper getragen werden und die den Körper in einer positiven Schwingung halten (ähnlich den sog. braintunern, die es heute bereits mit verschiedenen Funktionen gibt). Vielleicht wird es im Laufe der Entwicklung irgendwann möglich sein, den Körper durch Frequenzstimulatoren in eine Schwingung zu versetzen, wo Krebszellen keine Chancen mehr haben. Aber, oh Schreck, das würde ja auf Dauer die Milliardengeschäfte der Pharmariesen schmälern und die werden nicht kampflos das Feld räumen. Dessen kann man sich ganz sicher sein. Und es ist zu befürchten, dass dafür ein großes Repertoire zur Verfügung steht, ein Repertoire, von dem wir uns nur schwer eine Vorstellung machen können. Das beste Beispiel sind zwei Verfahren, die noch aus der Frühzeit des letzten Jahrhunderts stammen und denen man bis heute keine Chance gegeben hat: die Rife Frequenzmedizin und der originale Lakhovsky Multiwellen Oszillator (MWO), geniale Therapiemethoden, die bereits vor über 70 Jahren entwickelt wurden, aber deren Durchbruch von der Macht der Pharmaindustrie bis heute mit allen Mitteln verhindert wurde. Ich zitiere aus dem Artikel: Frequenzmedizin - Medizin der Zukunft? Die Zukunft schwingt höher von Joe Romanski:

„Exemplarisches Beispiel ist ein anderer Pionier der Frequenztherapie: Royal Raymond Rife hatte um 1930 eher zufällig entdeckt, dass Bakterien und Viren einfach und effizient mittels spezifischer hochfrequenter Lichtpulse abgetötet werden können (www.rife.de). Er bezeichnete diese Frequenzbereiche als Mortal Oscillation Rate. Der von ihm entwickelte "Rife-Generator" soll auch bei schweren Erkrankungen so erfolgreich gewesen sein, dass nicht wenige Mediziner und Ärzte überzeugt waren, nunmehr stehe das "Ende aller Krankheiten" bevor - so das Motto eines Treffens namhafter Mediziner, die Rife anhingen. 1960 allerdings wurde Rife auf Grund dubioser Anschuldigungen vor Gericht gestellt, und ihm die weitere Tätigkeit untersagt. Sein Labor fiel einem Brandanschlag zum Opfer, ebenso das Labor seines Kollegen Dr. Nemes, der dabei ums Leben kam. Ein weiterer Brand vernichtete die Werkstatt eines Rife-Geräteherstellers. Ärzten, die die Rife-Therapie anwandten, wurde unter Androhung des Approbationsverlustes die Weiterbehandlung verboten. Royal Rife selbst starb 1971 durch eine "versehentlich" tödliche Dosis von Valium und Alkohol in einem Krankenhaus. Seine Dokumente und Aufzeichnungen, die nicht von den Bränden vernichtet worden waren, wurden aus allen Archiven entfernt."

Hier ist der Link zum ganzen Artikel:
http://www.sein.de/archiv/2006/oktober-2006/frequenzmedizin.html
(Ich hatte Gelegenheit beide Verfahren am eigenen Körper zu er-

fahren sowohl die Rife Frequenztherapie als auch den Lakhovsky MWO Multiwellen Oszillator und kann nur bestätigen, dass die Pharmaindustrie nicht zu Unrecht solche Heilmethoden fürchtet. Es handelt sich hier um revolutionäre Heilmethoden, die - richtig angewandt - ein sehr großes Potenzial besitzen, die Behandlung von Krankheiten inklusive Krebs zu revolutionieren und Gesundheitskosten entscheidend zu senken. **Die Pharmakonzerne wussten ganz genau, warum sie alle Hebel in Bewegung gesetzt haben, diese Verfahren mit allen Mitteln zu unterdrücken**.)

Heute wendet man allerdings dafür viel elegantere, aber hochwirksame Methoden an: unter dem Namen Lakhovsky MWO wird alles Mögliche und Unmögliche auf dem Internet angeboten, nur nichts, was dem originalen Equipment auch nur in etwa nahe kommt. (Ich habe mir z.B. von eBay einen angeblichen MWO für 30 € bestellt, nur interessehalber. Natürlich eine völlige Farce, eine Verhöhnung der originalen Technik. Es ist lediglich der Nachbau einer viel zu kleinen Antenne in einem schicken Holzkästchen ohne Oszillator, ein völliger Witz.) Ich bin bis jetzt nur einer einzigen Quelle von einem wirklich hochwertigen MWO begegnet, hervorragend gebaut, allerdings in Neuseeland und natürlich nicht ganz billig (mit Versand an die 3000 €). Dieses Gerät ist allerdings sein Geld wert. Es gibt ein gutes Buch in Englisch: "The Secret Of Life", by Mark Clement, leider vergriffen, aber ich habe in Amerika noch eines gefunden und habe es mir schicken lassen.

Neben diesen beiden oben genannten Verfahren gibt es aber noch eine große Anzahl anderer revolutionärer Alternativmethoden, die in der richtigen Kombination und zusammen mit Ernährung die Vorbedingungen für Heilungserfolge erheblich verbessern können, nicht zuletzt in der Krebsbehandlung. Natürlich werden die Pharmariesen an ihrer bisherigen Politik festhalten und alles daransetzen, den Durchbruch solcher Methoden zu verhindern. Aber die Zeit ist jetzt reif, die Konzerne haben ihre Karte ausgereizt und überreizt und ihre Macht und Kontrolle über das Gesundheitssystem wird nicht mehr so ungefragt hingenommen werden und die Menschen werden sich nicht mehr im selben Maße gängeln lassen wie bisher. Das liegt schon jetzt in der Luft. Und alternative Heilmethoden werden sich in größerem Maße als bisher auch in den Krankenhäusern etablieren können. Die Aufgabe von Zukunftsprojekten im Gesundheitsbereich wird es auch sein, die Validität bestimmter alternativer Heilverfahren zu demonstrieren und fundierte Untersuchungen durchzuführen.

Für mich geht das ganze noch ein Stück weiter. Mal ganz einfach: Unser Körper ist die Basis unserer physischen Existenz, klar, aber es ist eben nur die Basis. Belebt wird diese Basis vom Geist und von der Energie des Wesens, das in diesen Körper lebt, das diesen Körper als die Basis seiner physikalischen Existenz benutzt. Aber wir sind nicht dieser Körper, wir benutzen ihn so wie ein Reiter ein Pferd benutzt für einen Ritt, nur dass dieser Ritt etwas länger dauert. Die Essenz unseres Lebens spielt sich im Energiekörper ab, den wir generieren, hier spielen sich alle wichtigen Prozesse ab, die unser Leben bestimmen. Die spiegeln sich im Körper wieder, aber die Impulse kommen von Energiekörper, hier laufen alle Fäden zusammen und hier liegen die wirklichen Quellen, die tieferen Ursachen unserer körperlichen Zustände und unserer Krankheiten.

Das Dilemma unserer gegenwärtigen Schulmedizin ist, dass sie sich allein auf diese kleine Basis, auf den materiellen Körper konzentriert und den gesamten Energiekörper darüber, in dem sich die wirklichen Steuerprozesse abspielen, völlig ignoriert. Es gibt natürlich viele Leute in Heilberufen, die diesen Energiekörper in ihre Arbeit mit einschließen oder die sich auf die Arbeit mit dem Energiekörper konzentrieren, aber es ist immer noch so, dass ihre Arbeit als vordergründiger Hokuspokus abgetan wird und nicht den Stellenwert erhält, der ihr eigentlich gebührt. Die Einseitigkeit der Schulmedizin lässt sich auch an einem anderen Beispiel zeigen: der Bluttest. Der Bluttest in der herkömmlichen Medizin ist eine rein quantitative Analyse der Blutbestandteile. Das Blut wird in alle seine Bestandteile zerlegt und diese werden quantitativ erfasst. Die Vitalblutdiagnose nach Prof. Enderlein hingegen erfasst den qualitativen Zustand der roten Blutkörperchen, ihre Vitalität und sie kann Parasiten im Blut erkennen. Sie wurde bereits 1914 entwickelt und hat aber bis heute keinen Einzug in die Schulmedizin gefunden.

So, das war jetzt ein kleiner Ausflug abseits vom Wege, aber jetzt kehren wir wieder zurück zu unserem Weg und gehen ein Stück weiter auf unserer kleinen Reise. Das nächste Projekt, das mir am Herzen liegt, hat mit Erziehung und Schule zu tun. Eigentlich ist das weniger ein Projekt für die Zukunft, sondern viel mehr ein Projekt für's hier und jetzt. Aber solange unsere Schulen immer noch pure Lernfabriken mit rauchenden Köpfen sind, bleibt es eine Projektstudie, die die Schwächen des jetzigen Systems beleuchtet und alternative Wege aufzeigt. Unser neues Spielzeug, das Armhandy, bleibt vorerst mal in der Schublade. Wir kommen zunächst mal wieder an auf dem Boden unserer nackten Realität.

Für mich ist das heute eigentlich eine große Enttäuschung zu erleben, wie wenig sich offenbar im Kern geändert hat seit meiner Schulzeit vor über 40 Jahren*. Äußerlich ja, da hat sich viel geändert und ändert sich ständig und dann das Namenroulette - man hat offenbar große Freude daran in den Ministerien, sich immer wieder neue Namen für ein und dasselbe Gericht auszudenken. Und dann gibt es bestimmte Moden. Heute ist die große Mode Chancengleichheit und das wird heute zum Maß der Dinge gemacht. Das erhöht leider nicht unbedingt die Qualität dieser Erziehung und die Schüler werden wie eh und je auf eine lange, eng umgrenzte Marathonstrecke entsandt, die wenig Raum lässt für die volle Entfaltung der Anlagen und Begabungen eines jungen Menschen. Allerdings: Warnung: das ist ein schrecklich langer Beitrag. Aber es ist ein Thema, das mir persönlich sehr am Herzen liegt, wie man sieht.

4) DIE GEISTESFABRIK.

Ja, es ist eine Fabrik - sogar eine mit vielen rauchenden Schloten, wenn's drauf ankommt. Aber, wo sind wir, wo wollen wir hin? Wir fragen, wie müsste ein Erziehungssystem aussehen, das jungen Menschen all das Rüstzeug mitgibt, das sie für ihre volle Entwicklung und „Entfaltung" brauchen? Ich behaupte, dass wir eigentlich alle dieses Wissen in uns haben, das Wissen um die Dinge, die wir für ein fortschrittliches Erziehungssystem bräuchten, das die Entwicklung des ganzen Menschen zum Ziel hat. Für mich ist das ein Thema, das mir wiegesagt sehr nahe geht und mir einfach am Herzen liegt. Und deshalb ist der Beitrag auch ein wenig lang geraten. Bitte das zu entschuldigen. Und auch wenn ich vielleicht im Eifer des Gefechts ein wenig übers Ziel hinausschieße... Aber mir geht es um eine Blaupause, die ganz von unten beginnt und sich Schritt für Schritt zu einem kompletten Ganzen zusammenfügt.

*(Oder täusche ich mich hier? - Hoffen wir mal, dass ich mich hier täusche und dass die Schulen heute schon um vieles besser geworden sind als zu meiner Zeit - wäre eigentlich anzunehmen. Trotzdem bleibe ich mal bei meinem Beitrag - für alle Fälle... Gesucht ist eine Erneuerung von Grund auf, von der Basis nach oben.)

Aber zunächst das Wer Wo Was - WWW - Ortsbestimmung: Schnellgang, Formel 1 Stil, das ganz grobe Bild, keine Feinheiten: Wir haben das finstere Mittelalter hinter uns gelassen und leben heute in einem wissenschafts- und technologieorientierten „Informationszeitalter". Ein Lichtzeitalter ist das aber noch nicht. Unser Zeitalter ist eher ein Kopfzeitalter und wir sind heute Kopfmenschen mit einem geschulten analytischen Verstand. Wir sind unübertroffene Meister der Analyse, der Zerlegung materieller Wirklichkeiten in kleinste Details, aber gleichzeitig haben wir Probleme, wenn es um unsere eigene Wirklichkeit und die zu unseren Füßen geht. Wir sind Forschungsriesen, wir dringen in immer neue Grenzgebiete der Wissenschaft vor, aber gleichzeitig sind wir nicht in der Lage, die dringendsten Probleme in unserem eigenen Umfeld zu lösen. Der Macht des Unterbewusstseins über den Verstand stehen wir allzu oft wehrlos gegenüber. Mit dem rationalen Verstand allein lässt sich die Gesamtheit der Lebenserscheinungen nicht erfassen und lassen sich die Probleme nicht lösen.

Es ist kein Wunder, dass unser Bildungssystem diese unausgewogene Situation reflektiert. Zusätzlich ist unser Schulsystem dominiert von einem einseitigen Leistungsgedanken, der wenig Raum lässt für die Arbeit an der Basis des Systems Mensch, das hier auf dem Prüfstand steht. Wir fragen uns, wie müsste ein Schulsystem aussehen, das den ganzen Menschen zum Ziel hat, das an der Basis ansetzt und das Gerüst der Kräfte und Fähigkeiten von der Basis des Menschen, von unten nach oben aufbaut. Und das sicherstellt, dass der Funke der Inspiration auch jeden erreicht, der seine Jahre hier hinter der Schulbank verbringt. Das Ziel ist eine lebendige und innovative Schule, in die es Freude macht zu gehen und die in der Lage ist, die Fähigkeiten der jungen Menschen optimal zu fördern.

Die junge Generation ist das größte Kapital einer Gesellschaft. Für eine schrumpfende Gesellschaft gilt dies noch viel mehr. Vielleicht sollten sich unsere Politiker also nicht nur Gedanken über Geburtsziffern machen, sondern auch darüber, wie wir mit diesem wertvollen Gut Nachwuchs umgehen. Ich bitte den Vergleich zu entschuldigen (wir sind immer noch auf der Rennstrecke): Hitler wollte mehr Soldaten, wir wollen mehr Arbeitskräfte, die Renten- und Versicherungsbeiträge zahlen und unsere Zahlungsbilanzen in Ordnung bringen. Ist es nicht etwa so - überspitzt ausgedrückt? Die Worte Beruf und Berufsausbildung stehen bei unseren Politikern und Erziehungsarchitekten ganz oben. Sie hängen bis zu 13 Jahre lang in unsichtbaren Lettern über den Köpfen der Schüler.

Je schnelllebiger die Zeit wird, je schneller die technologischen Wandlungen voranschreiten und je schneller wir neue Bereiche und Räume erobern und sich der Kosmos der menschlichen Möglichkeiten und Aktivitäten erweitert, desto wichtiger wird eine Erziehung, die den ganzen Menschen zum Ziel und zur Grundlage hat. Die Geschwindigkeit, mit der die menschliche Zivilisation heute auf wissenschaftlichem und technologischem Gebiet voranschreitet, steht in krassem Gegensatz zur gesellschaftlichen Entwicklung, was sich vor allem in der Jugendproblematik wie der Gewaltbereitschaft vieler Jugendlicher bis hin zu Tötungsdelikten zeigt. Diese extremen Jugendprobleme existieren heute weltweit in allen modernen und „fortschrittlichen" Staaten nach westlichem Vorbild.

Unter den Ursachen gibt es für mich einen wesentlichen Aspekt in der Erziehung: **Wir fördern nicht das wirkliche Potenzial, das in den jungen Menschen liegt. Wir fördern nicht das kreative Potenzial der neuen Generation. Wir schöpfen sozusagen nicht die Schöpfung. Und leider können sich unter ungünstigen Umständen Potenziale, die wir nicht fördern, Edelsteine, die zu lange brach liegen, ins Negative verkehren.** Dort wo heute das Elternhaus versagt, einem jungen Menschen Selbstvertrauen und positive Werte zu vermitteln, kann schnell eine kritische Masse an negativen Gefühlen erreicht werden, die danach sucht, sich in Gewaltakten an der Gesellschaft oder an Mitmenschen zu entladen und zu rächen für die Benachteiligung, die unbewusst von den Jugendlichen empfunden wird. Unser traditionelles Erziehungs- und Schulsystem hat nicht den ganzen Menschen mit seiner vollen Kreativität zum Ziel, sondern gleicht in vielen Aspekten einer Einbahnstraße, die auf ein singuläres Ziel ausgerichtet ist, nicht ungleich einer Bildungsfabrik mit rauchenden Schloten.

In diesem Milieu werden wir die Herausforderungen dieser Aufgabe nicht bewältigen, junge Menschen umfassend auf ein Leben in einer Zeit schneller Veränderungen vorzubereiten. Ich kann mir nicht helfen, wenn man sich die Schulpolitik über die Jahre so ansieht, es wird immer ein singuläres Ziel vorne angestellt. Heute ist es die Chancengleichheit. Alles wird jetzt unter diesen singulären Gesichtspunkt gestellt, der sich heute besonders gut verkaufen lässt. Zum linearen Gedanken der Wissensvermittlung kommt der nächste lineare Gedanke der Chancengleichheit. Aber das System dahinter bleibt dasselbe. Es wäre heute mehr denn je wichtig, den gesamten Menschen zum Mittelpunkt einer wie auch immer gearteten Bildungspolitik zu machen. Ich frage mich, ob unsere Politiker und Experten wirklich am System viel ändern wollen.

Aber ich möchte zunächst einmal viel weiter ausholen, ganz am Anfang eines neuen Lebens. Grundsätzlich gibt es ja heute eine sehr positive Entwicklung. Nachdem im letzten Jahrhundert lange Zeit die Aufmerksamkeit auf die Gleichstellung der Frauen und auf die sexuelle Revolution gerichtet war, hat sich heute die Aufmerksamkeit viel mehr auf die Rechte und den Schutz der Kinder verlagert und wir arbeiten lange zurückliegende Unrechtsfälle auf, als die letzten Ausläufer und Auswüchse einer patriarchalischen Gesellschaft. Und nichts empört uns mehr wie die Vernachlässigung von Kindern oder Verbrechen an Kindern. Auch empfinden wir heute die Ankunft eines Kindes als einen großen Glücksmoment und wir sind mehr denn je bereit, auch von den Kindern zu lernen. Kleine Lehrmeister. Aber wie immer gibt es auch heute unter ungünstigen Bedingungen typische Fehlentwicklungen.

Um es kurz zu machen, das Ergebnis ist, dass wir heute einen Prozentsatz an Kindern haben, die wie kleine Roboter sind, kleine Kraftmaschinen mit einem Mangel an eigenen Steuermechanismen. Warum? **Genauso wie sich in einem bestimmten zu stark geschützten Milieu das Immunsystem nicht richtig entwickeln kann, kann sich auch in einem bestimmten Milieu die Eigenfindung und die Selbstbestimmung nicht oder nur mangelhaft entwickeln.** - Bitte verstehen Sie mich nicht falsch. Früher war nicht alles besser, ganz und gar nicht. Aber wir müssen eben bestimmte Schwachstellen und Tendenzen erkennen, die für unsere Zeit typisch sind. Mir geht es hier um Tendenzen. Im Einzelfall muss natürlich schon einiges zusammenkommen, damit aus einem latenten Problem ein echtes Problem wird. In den meisten Familien besteht genügend „Auftrieb", damit das neue Mitglied sehr schnell zu seiner Rolle findet und die Eltern zu ihrer Rolle. Wenn das aber nicht der Fall ist, können sich die Negativfaktoren sehr schnell addieren und es kann über kurz oder lang zu ernsten Selbstfindungsproblemen in der weiteren Entwicklung kommen. Natürlich gab es früher genug Probleme, aber die lagen eben ganz woanders. Und man kann nicht zurückgehen, der Sog der Zeit ist zu stark.

Wir versuchen heute Werte von außen zu vermitteln, nachdem wir zuvor in der Kindheit versäumt haben, die angebotenen inne-

ren Werte zur richtigen Zeit zu schöpfen und genügend zu fördern. **Wir senden die Jugendlichen durch unnötig viel inneres Chaos und durch zu viel Destruktivität, weil wir zu wenig mit den natürlichen Entwicklungsphasen arbeiten und sozusagen die angebotenen Edelmetalle zur richtigen Zeit zu wenig achten und fördern, weil wir die ursprünglichen hohen Potenziale völlig unterschätzen und unterfordern.** In meinen Augen ist es heute wichtig, dass wir in einem möglich frühen Alter solide Grundlagen legen, die auch Kinder aus ungünstigen Familienkonstellationen erreichen können. Es macht keinen Sinn im Vorschulalter in größerem Umfang mit der Vermittlung von Wissen und Wissensinhalten zu beginnen, wenn ein Teil der Kinder nicht „aufgeschlossen", die Kanäle nicht geöffnet sind. Es macht keinen Sinn, etwas „hineinstopfen" zu wollen, wenn erstmal etwas herausgeholt, entfaltet werden muss, um die Sinne und die kleine Persönlichkeit zu öffnen.

Wir müssen bei den Grundlagen des Lernens anfangen, solide Grundlagen legen anstatt zu früh zu versuchen, irgendwelche Inhalte zu vermitteln. Ein paar Voraussetzungen müssen gelegt werden: Eigeninitiative, Lust am sich selbst erproben und erfahren. Kinder sind von Natur aus neugierig und wollen alles ausprobieren, selber erfahren. Erziehung muss mit diesen Kräften arbeiten und sie geschickt in die richtige Richtung steuern. Diese Kanäle, diese Zugänge müssen geöffnet sein. Die Lust am sich selbst erproben, erfahren und messen. Diese Potenziale müssen da sein oder als erstes geöffnet werden. Und dann: die größte Herausforderung heute: die digitale Revolution, der vor allem Kinder schutzlos ausgeliefert sind. Die Aufgabe ist, hier von Anfang an Gegengewichte zu setzen! Und das muss sehr früh beginnen im Kindergartenalter. Die Gegengewichte sind: Natur und Kreativität, schöpferisches Gestalten in all seinen Formen, die Lust am kreativen Selbstausdruck fördern. Der größte Fehler, den man machen kann, ist zu versuchen, möglichst schnell möglichst große Mengen Wissen in die Kinder hinein stopfen zu wollen, bevor eine solide Grundlage gelegt ist. Zuerst müssen Dinge herauskommen, Kanäle geöffnet werden, bevor man daran denken kann, den Trichter anzusetzen und den großen Hahn zu öffnen mit irgendwelchen rationalen Wissensinhalten.

Also nochmal: die Energie lenken in den kreativen Selbstausdruck in vielfacher Form, weg von der rein rationalen Ebene. Sich artikulieren lernen, sich auszudrücken lernen und ausprobieren, was Spaß macht - ganz wichtig. Aber Voraussetzung ist natürlich, dass Kindergärten ein großes Angebot an Freiräumen für Bewegung und Bewegungsspiele anbieten, in denen sich der Überschuss an Energie und Aggression ausleben und austoben kann. Das darf nie zu kurz kommen. Nur dann hat man Zugang zu der sensibleren Seite der Kids. Dann sind ganz erstaunliche Dinge möglich. Es kommt darauf an, den Schwerpunkt zunächst auf öffnen und Kräfte wecken, und damit mehr auf „herausholen" als auf „hineinstecken" zu legen. Vielfältige Anregungen geben, jegliche Monotonie vermeiden.

Und von unten her aufbauen, die Primärkräfte fördern. Wichtiger Bestandteil: **Rhythmuserfahrung und Tanz, Musik und Bewegung.** Wegen der überragenden Bedeutung der Rhythmuserfahrung und -schulung auch für das intensive Erleben von Gruppe und Gemeinschaft ist es wichtig, das Orffsche Schulwerk und die Rhythmuserfahrung so früh wie möglich in die Erziehungsarbeit zu integrieren. Das sind alles Edelsteine, die zur Verfügung stehen, die aber angewendet werden müssen, nicht in irgendwelchen Vorzeigeprojekten, sondern als Teil der ganz normalen Erziehung. Diese Grundlagenarbeit zahlt später reiche Dividende. Die Werkzeuge sind alle da. Die Verbindung von Musik und Bewegung ist elementar wichtig für das Zusammenspiel der beiden Hemisphären und sollte so früh wie möglich ihren Platz finden, auch in den sensibleren Ausdrucksformen. Es fördert ungemein das Gefühl für das eigene Selbst. Und, bevor ich es vergesse, das gemeinsame Singen ist eine wichtige Erfahrung und ein wichtiger Baustein für die geistige und seelische Entwicklung der Kinder. Natürlich auch später.

Grundlagen, Fundamente legen. Viel wichtiger als der gut gemeinte Versuch sofort möglichst viele Wissensinhalte in dem Alter zu vermitteln. Je mehr wir in der Lage sind, Energien und innere Kräfte zu wecken, desto müheloser gelingt auch der Tanz auf dem Montblanc des Wissens. Und noch ein Punkt: in diesem Alter sind Bindegewebe und Sehnen noch äußerst flexibel und dehnbar, ein paar geeignete Yogaübungen einbauen in die Bewegungsarbeit. Es macht später vieles leichter und hilft dem Fluss der Energien und dem Gefühl für den Körper - aber alles mit Leichtigkeit und vor allem Spaß bitte. Und: Ein positives Verhältnis zum eigenen Körper fördern, der Körper als Geschenk. Ein Bewusstsein für dieses Geschenk fördern. Wäre sehr wichtig. Der wichtigste Faktor dabei sind die Lehrkräfte. Hier muss dieses Training anfangen. Und dann bestehen Möglichkeiten durch die richtigen Techniken dieses Bewusstsein weiterzugeben.

Das nächste ganz wichtige Schlüsselwort ist Natur. Heute wichtiger denn je. Und wie gesagt, wenn genügend Bewegung und Aggressionsabbau da ist, öffnet man Zugänge zu den sensibleren Seiten der Kids. Der erste Zugang sind natürlich Tiere. Tiere sind die größten Lehrmeister, vor allem im Vorschulalter, aber auch noch später. Dieser Einfluss ist unbezahlbar, man kann ihn durch nichts ersetzen und es kann eigentlich nicht früh genug beginnen. Und wir wissen das eigentlich alle. Es sollte eigentlich in jeder Stadt einen Familien- und Ferienhof geben und einen speziellen "Kinderhof", wo Kindergärten und Krippen Tagesausflüge machen können (ideal wäre ein Weiler oder Dorf mit mehreren aufgegebenen Höfen, aus dem jeglicher Fahrzeugbetrieb aus dem Innenbereich verbannt werden kann).

Daneben wäre es gut, wenn die Kindergärten und -krippen ein paar pflegeleichte Tiere halten könnten wie ein oder zwei Kaninchen oder ein kleines Terrarium mit Schildkröten usw.. Ich nehme aber an, dass es das an vielen Plätzen schon gibt. Der Einfluss ist durch nichts zu ersetzen. Vor allem in Problemgebieten sollten Programme wie "Familienurlaub auf dem Bauernhof" etc. gezielt staatlich gefördert werden, da das neues Leben in manche Dörfer bringt und damit sowohl ein wenig dem Bauernsterben als auch unseren Jugendproblemen ein großes Stück geholfen würde. Aber es muss halt früh genug anfangen, am besten wenn die Kids noch klein sind.

Das Nächste ist der Umgang mit Pflanzen und natürlichem

Wachstum: dieses Erleben sollte von Anfang an gefördert werden in verschiedener Form, am besten schon im Kindergarten. Erstens: kleine Töpfe und Samen und das schließt auch das Bemalen der Töpfe ein, einen sinnlichen Bezug herstellen. Zweitens: Spätestens in der Grundschule sollte es dann einen Schulgarten geben, in dem jedes Kind ein kleines Miniaturbeet bekommt. (Wichtig sind kleine Beete (max. 0,5 m²) mit breiten Trampelpfaden dazwischen, um Streit zu vermeiden.) Ältere Schüler helfen den Kleinen. Und dabei ruhig Aufgaben stellen, Herausforderungen in den Raum stellen. Kinder wachsen mit den richtigen Aufgaben, die man ihnen stellt. Ein erstes kleines Herbarium ist eine lohnenswerte Aufgabe.

Und es gibt Modelliermaterial, das für frühes Alter geeignet ist. Plastisches modellieren mit den Händen ist als Ausgleich ungemein wichtig (vor allem für später, wenn dann der Computer und die virtuelle Realität Einzug halten in die Vorstellungswelt.) Den Gestaltungswillen lenken. Die Anlage eines eigenen persönlichen kleinen Buches, in das geklebt und mit Farbstiften gezeichnet wird, kann eigentlich nicht früh genug beginnen. Bleibende Dinge schaffen, die herausfordern und anspornen. Wegwerfkunst ist passee. Die Crayon Orgien auf Wegschmeißpapier der alten Tage sind mehr schädlich als nützlich. Und wie bei vielen Sachen ist weniger* mehr. Bei Malaktionen immer nur einen Bogen und dann drüber reden usw..

Wenn man will, dass Kinder ein Gefühl für Malen und für Farbe entwickeln, dann mit ein paar Naturfarben beginnen und nach und nach das Spektrum erweitern. Farben werden dann viel bewusster erlebt, als wenn man sofort einen großen Set mit modernen intensiven Farben anbietet. Ein typisches Beispiel, wo weniger mehr ist. Der Mangel weckt das Interesse und die Neugierde, nicht der Überfluss. Ein Problem unserer Zeit in vieler Hinsicht, vor allem natürlich in der Erziehung. *(Ganz wichtig für die Eltern: wir müssen endlich aufhören, unsere Überfluss- und Wegwerfgesellschaft auf unsere Kinder und deren Erziehung auszudehnen. Weniger, weniger, weniger! Im Überfluss kann man nicht erziehen. Zeiten, in denen es weniger gab, in denen der Kosmos überschaubarer war und in denen es echte Bedürfnisse gab, auch solche, die nicht befriedigt werden konnten, waren immer wesentlich bessere Zeiten für Erziehung!)

Wiegesagt ein lohnenswertes Projekt auch schon im Vorschulalter ist die Anlage eines einfachen Herbariums. Das kann nicht früh genug sein, obwohl es schon einiges abverlangt: warten können bis die Pflanzen getrocknet sind z.B.. Aber es ist wichtig früh genug Aufgaben zu stellen. Man muss die Kinder bei ihrem Stolz packen und wenn der andere sowas hat, wollen sie es natürlich auch. Ich brauche dafür zunächst nichts von Botanik zu wissen oder verstehen. Das Wichtige dabei ist der Prozess. Sich auf geeignete Blumen beschränken. Der ganze lange Prozess ist Teil der Schule dabei. Dazu gehören dann auch Exkursionen in die Natur mit einem offenen Augen für Blüten, Knospen, Früchten. Und die Kinder werden danach die Natur viel intensiver wahrnehmen, anfangen mit offeneren Augen herumzulaufen. Einer der wichtigsten Faktoren in der Erziehung ist Neugierde. Kinder sind von Haus aus neugierig und es ist wichtig mit dieser Kraft zu arbeiten. Bei der schnellen Entwicklung, die Kinder heute durchlaufen, ist das Fenster für die Natur nur begrenzte Zeit offen. Später ist der Kopf schon zu voll, um noch die selbe Empfänglichkeit für die kleinen Wunder der Natur zu haben.

Ich könnte da noch ewig weitermachen. Z.B. in meiner Philosophie ganz wichtig: das Alphabet vokalbetont erarbeiten. Die Vokale sind die Träger der Stimme, die Flügel, auf denen dieser Vogel fliegt. Sie geben den Auftrieb sozusagen. Die Vokale im Vorschul- oder frühkindlichen Alter spielerisch erarbeiten mit Vokalspielen, Würfelspielen etc.. Im nächsten Schritt die Umlaute. Bei den ersten Lesebüchern sind die Vokale und Umlaute mit warmen Farben wie rot und orange hervorgehoben. Das lässt sich sehr gut mit Singen kombinieren oder mit Würfeln und dann Wörter, die mit diesen Vokalen beginnen. Und die verschiedenen Gruppen von Konsonanten sind mit kühleren Farben abgesetzt. Aber man wartet damit etwas und lässt die Initiative von den Kids kommen.

Also nochmal zurück: Grundlagen: die erste Grundlage ist der Körper: Tanz und Musik, Rhythmus, Orff, Anregungen geben, Geschicklichkeit, Balancieren (auch mit dem Kopf - hier sind uns die Afrikaner voraus); die zweite Grundlage ist Kreativität und das Erlebnis eignen kreativen Gestaltens: Vielfalt: kleine Plastiken, eigenes Buch zum reinkleben und gestalten, kleines Herbarium. Eigene kreative Schöpfungen legen ganz wichtige Grundsteine für das Selbstvertrauen und für die Lust sich zu erproben und den eigenen Kosmos der Möglichkeiten auszutasten. Es ist ganz wichtig, ein Abtasten der eigenen Vorlieben und positive Erfahrungen an den Anfang einer schulischen Karriere zu setzen, mit Dingen, die für jeden erreichbar sind und die die Lust am eigenen Ausdruck fördern. Und wie gesagt die dritte wichtige Grundlage ist Natur: Tiere, Samen, Pflanzen. Das Angebot der vielen kleinen Lehrmeister da draußen auch wirklich benutzen und einen Ausgleich für den Kopf schaffen.

Nochmal zurück zur Kreativität: Der große Vorteil des kreativen Bereiches und eigener kreativer Schöpfungen ist, dass sie für jeden Schüler gleichermaßen zugänglich sind, dass sie wichtige Zugänge öffnen, ohne einen großen Unterschied zu machen zwischen schnellen und weniger schnellen, zwischen hochbegabten und weniger begabten Schülern. Kreatives Schaffen schafft Brücken zwischen den verschiedenen Kulturen. Kreativität überbrückt Schranken besser als es der Kopf je tun kann. Die Erziehung zum kreativen Selbstausdruck ist eine elementare Grundlage, auf die alles weitere aufbauen kann. In den ersten Jahren der Grundschule sollte diese breite Grundlage von kreativem Selbstausdruck konsequent weiterentwickelt und gefestigt werden, so dass den Kindern eine solide Grundlage an Selbstdarstellung und Selbstausdruck zur Verfügung steht und genügend inspirierende Erfolgserlebnisse gemacht wurden, so dass genügend Selbstvertrauen und Lust da ist, sich auszudrücken und sich neuen Herausforderungen zu stellen. Auf diesen Grundlagen ist es möglich, einen effektiven und konzentrierten Lehrbetrieb aufzubauen. Jedoch sollte der meiner Meinung nach etwas anders aussehen als das, was wir heute haben.

Schulen. Ganz grundsätzlich. Eine ganze Reihe von Zukunftsentwicklungen liegen auf der Hand. Die Präsenz des Internets im Leben des Schüler ist ein Faktor, der langfristig den Schulbetrieb mehr und mehr beeinflussen wird. Was früher oder später kommen wird, ist, dass sich der Schwerpunkt verschieben wird vom Vermitteln von Wissen zum Vermitteln von Fähigkeiten. Selbstverantwortliches Arbeiten, Schüler erarbeiten sich Wissensinhalte selbst, aus dem guten alten Lehrer wird mehr ein Coach, der die Schüler auf ihrem Weg der Aufgabenlösung und -bewältigung begleitet und berät. Es wird aber für die Zukunft noch wichtiger, dass Schüler lernen, konstruktiv mit dem Wissen, das auf sie einströmt, umzugehen, kreativ und produktiv. Der beste Weg dafür ist, dass Schüler lernen frühzeitig (ab Alter 12/13) zu unterrichten, Vorträge zu halten, ihr Wissen anzuwenden. Ich denke, dass in der Zukunft der Schulbetrieb ab der Mittelstufe ein bisschen mehr wie in der Hochschule ablaufen wird. Es wird Praktika geben, Arbeitsgruppen etc.. Und die Schulen werden u.U. mehr in die örtliche Gemeinschaft integriert sein. Die Ganztagsschule ist die Schule der Zukunft. Daran führt wohl kein Weg vorbei.

Die entscheidenden Impulse zu Eigenverantwortung und zu selbstständigem Arbeiten z.B. müssen rechtzeitig (vor der Pubertät spätestens mit 12/13) gesetzt werden. Das Alter von 9 -12 z.B. ist eine äußerst wertvolle Zeit, in der wichtige Grundsteine für die ethische und moralische Formierung und Festigung gelegt werden. Es ist eine große Zeit der Öffnung nach draußen, zu den größeren Wirklichkeiten der Welt, in die der junge Geist hineinwächst. Die Zeit ist noch unbelastet von den inneren Konflikten und Prüfungen der Egofindung in den folgenden Jahren. Trotzdem wirkt diese Phase der ethischen Orientierung noch ganz stark in die folgende Periode von 13-16 hinein. Es ist wichtig, dass die starken Kräfte nach außen und der in dieser Periode vorhandene Idealismus ausgelebt, in Ergebnisse umgesetzt werden kann. Es ist eine wertvolle Ressource für den jungen Menschen und für den Planeten. Das muss kein freiwilliges Jahr sein. Dafür ist es vielleicht etwas früh, aber diese Energie kann zunächst auch in den Ferien z.B. für lohnenswerte Ziele (Naturprojekte, Greenpeace etc.) eingesetzt werden.

Es ist wichtig, diese Energie in dieser Periode nach außen zu bringen. Es rächt sich, die innere Stimme da unbeantwortet zu lassen, wo sie nach außen will. Es ist entscheidend, den jungen Menschen in den Jahren vor der Pubertät, wenn ihre Energie noch klar ist, unbelastet von den Wirbelstürmen der kommenden Jahre, ihnen dann den Schlüssel zu ihrem Gefährt zu übergeben und sie einzubeziehen in das Leben da draußen und ihnen auch mal Verantwortung zu übergeben und die Fähigkeiten, die sie in der Zeit haben, zu fördern und herauszufordern, fördern und fordern. Projekte für die Gemeinschaft, sei es Greenpeace, sei es sozial, sei es die örtliche Natur, die Schüler herausholen aus der Gleichförmigkeit des Schulbetriebs, ihnen Fahrstunden geben für das eigene Gefährt. Und sie trainieren dieses Gefährt zu benutzen und verantwortlich zu benutzen. Nichts ist schädlicher als der beziehungslose Schwebezustand in diesem Alter. Es kommt darauf an, die Edelsteine zu fördern, wenn die Natur sie anbietet. Es rächt sich, diese Energien brach liegen zu lassen, wenn sie nach außen wollen. Hierin liegt für mich eine der Hauptursachen für die Jugendprobleme unserer Zeit, dass wir die heranwachsenden Menschen zu lange in einem künstlichen Schwebezustand halten und viel zu spät anfangen ihnen Verantwortung zu übergeben. Motto: fördern und fordern.

Kreative Schule, die Linearität des klassischen Schulbetriebs aufbrechen, eigentlich genau das, was Hundertwasser mit Gebäuden gemacht hat, sie herausholen aus der Funktionalität und der Linearität der Strukturen und lebendige Elemente - Schwingungen, Kurven und natürliche Formen in die Architektur - einbauen und integrieren. Was müssen wir in den Schulen verändern? Wie in den meisten linearen Systemen werden die Schulen heutzutage von außen nach innen, von oben nach unten strukturiert. Wir fragen uns, was wollen wir erzielen und was ist der effektivste Weg dahin. Und als nächstes kommt natürlich der Faktor Mensch hinzu. Wir fragen nach den Bedürfnissen der Schüler und wie wir denen am besten entgegenkommen können. Der Prozess folgt normalerweise in etwa diesem Grundschema - im Normalfall. Wir gehen jetzt einmal einen ganz anderen Weg. Wir vergessen zunächst mal unsere rationalen Erziehungsziele. Wir kümmern uns zunächst nur um den Schüler und bauen zuerst ein solides und belastbares Fundament und fangen dabei ganz von unten an.

Also, ganz grob: Das Gebäude aufbauen von unten nach oben. **Fundament: Körper, Körper und Rhythmus, Körper und Stimme. Basisenergien, Primärenergien (inklusive Aggression und Aggressionstraining), Motivation. Zweite Grundlage: die Arbeit mit den Sinnen, kreative Arbeit und Gestaltung, kreative Erfolgserlebnisse, extrem wichtig für einen positiven Zugang zu sich selbst, für das Öffnen eines breiten Spektrums von inneren Kräften und Ressourcen. Und noch etwas wichtiges geschieht mit der Einbeziehung der Sinne: es werden alle Chakren geöffnet, einschließlich des Herz- und Halschakras. Kreative Arbeit involviert die Sinne und ist damit nicht nur in der Lage, Lust am Unterricht zu wecken, sondern auch Energieressourcen zu öffnen und zu involvieren und damit mehr persönliches Engagement mit in die Schule zu bringen. Diese Grundlagen öffnen alle Kanäle, die wir brauchen für eine motivierte Lernarbeit. Inspiration und Motivation ist die Quelle, aus der hoch effektives Lernen resultiert. Mit der Lust auf die Schule kommt auch ein ganz anderes Lernen und werden ganz andere Ressourcen verfügbar, die sich auch auf die Zeit nach der Schule ausdehnen.**

Szenario: Schule mit ganzheitlicher Prägung: es gibt von Anfang an einen kombinierten Rhythmus-, Musik- und Bewegungsunterricht, der den klassischen Sport- und Musikunterricht ablöst und darin stehen Rhythmus, Musik und Bewegung im Mittelpunkt als ganzheitliche Körpererfahrung, intensive Gruppenerfahrung und gleichzeitig Energiearbeit. Das Angebot ist jedoch äußerst reichhaltig und reicht von Körpertechniken, die aus der Theaterarbeit kommen bis hin zu den östlichen Kampfsportarten. Die meisten dieser Körperprogramme laufen klassenübergreifend zu festen Zeiten (z.B. 90-120 min am späten Nachmittag. Manche dieser Programme laufen auch abends.) All diese Dinge öffnen Wege zu einer viel intensiveren Körperbeherrschungsarbeit, als es über den reinen Sport möglich wäre. Und das öffnet Wege zu anspruchsvollen Sporttechniken von Kunstturnen bis hin zur Akrobatik für den, der diesen Ausdruck von Körperbeherrschung sucht. Jetzt bräuchten wir noch einen Namen: wie wäre es mit dem schönen deutschen Wort „Workout" oder „TSport" kurz TS (für Tanz-Sport), aber das sind ja noch die beiden Wörter Turnen oder Gymnastik, obwohl letzteres im allgemeinen für eine bestimmte Art des Bodenturnens reserviert ist

Die Verbindung von Musik und Bewegung ist elementar wichtig für das Zusammenspiel der Hemisphären. Sport mit der Betonung auf Leistung macht genau das Gegenteil. Er fördert unbewusst Tendenzen zur Trennung und Segmentierung. Aber der Schüler soll natürlich die Möglichkeit haben, beides kennen zu lernen und sich selbst zu entscheiden. Aber es kommt darauf an, zuerst den sensibleren und ganzheitlichen Ansätzen eine Chance zu geben, bevor man äußerlichen Kraftkonzepten erlaubt, die sensiblere Körpersprache in uns zu überdecken. Es gibt eine Tendenz im herkömmlichen Sport, den Körper als Werkzeug, als eine Art Maschine zu begreifen und auf ein Podest zu stellen. Das ist nicht im Sinne einer ganzheitlichen Erziehung des Menschen. **Zusammenführen, verbinden, äußeren Ausdruck, körperlichen Ausdruck verbinden mit innerem Ausdruck und nicht äußere, körperliche Funktionen trennen vom Innenleben, wozu Sport eigentlich erzieht. Es ist wichtig, Körper und Geist als Einheit zu erleben. Rhythmus und Bewegung, Musik und Bewegung, Ausdruck und Bewegung sollten von Anfang an als untrennbare Einheit erlebt werden, bevor man anfängt, den Körper als separate Einheit auf einen Sockel zu stellen. Also die Selbsterfahrung durch Rhythmus und Bewegung soll vor der Selbsterfahrung durch körperliche Leistung kommen.**

Natürlich, Sport vor allem mit der Betonung auf Spiel ist eine andere Art der Gruppenerfahrung und hat schon allein aus historischen Gründen ihre Bedeutung. Für den jungen Menschen ist aber zunächst eine integrierte Körpererfahrung wichtig: den Körper erfahren als einen ganzheitlichen Organismus, ein Instrument des Ausdrucks und der Verwirklichung des Selbst, bevor der Körper als Werkzeug des Verstandes zum Einsatz kommt und als solches trainiert wird bevor jeglicher Leistungsgedanke mit ins Spiel kommt.

Wir haben als Gesellschaft in den letzten 100 Jahren extrem einseitig in die heiligen Hallen des Sports investiert, materiell und geistig.

Für eine neue Generation wäre es an der Zeit, hier neue Signale zu setzen. Auf der anderen Seite sind die Schulen auch die Schmiede der nächste Sportlergeneration und das ist nicht zu vernachlässigen (aber ich behaupte, dass auf dem ganzheitlichen Weg mehr Schüler Zugang zu einem hohen Maß an Körperbeherrschung finden). In meiner Vorstellung fächert sich das Angebot spätestens ab dem Alter 16 auf: neben Tanzsport wird normaler Sport angeboten als Wählfach in einer Reihe von Disziplinen: A) Schwimmen und Wassersport, B) Turnen und Leichtathletik, C) Gymnastik und Akrobatik (mit dem Schwerpunkt auf Körperkoordination und nicht auf Schwierigkeitsgrad) D) Ballspiele, E) Martial Arts Training (Break Dance könnte hier als zusätzliche Disziplin etabliert werden), F) Theaterworkshop (trainiert vor allem Präsenz) inklusive Ausdruckstanz sowie Gruppenspiele und interaktive Spiele, (und dann gäbe es noch etwas ganz schreckliches: G) Bewegungsyoga, (es gibt ein Yoga, das Power- oder Ashtanga-Yoga oder dynamisches Yoga, das für Jugendliche durchaus attraktiv sein kann), aber es wird wahrscheinlich mehr die Lehrkräfte interessieren. Aber auch ein "Balancieryoga", eine Kombination aus Meditation und Balancieren, vor allem wieder das "Kopfbalancieren" der Naturvölker.) Nein, es wird nicht den ganzen Tag getrommelt und getanzt, aber im Idealfall haben die Schüler in einem Schulzentrum ab einem bestimmten Alter die Möglichkeit sich zu spezialisieren.

Der Schüler kann unter den angebotenen Disziplinen frei wählen mit Ausnahme des Schwimmunterrichts, der auf jeden Fall Pflicht sein sollte - (nicht durchgehend, aber es muss jeder Schüler im Laufe der Schulzeit mehrere Schwimmscheine machen inklusive Erste Hilfe und Wiederbelebungskurse. Also alle drei Jahre mehrere Monate Schwimmkurs wäre wohl ein absolutes Minimum.) Tanzsport sollte meiner Meinung nach auf jeden Fall bis zur Mittelstufe laufen und könnte dann auf Wunsch nach und nach ersetzt werden durch eine oder zwei der Wahlsportarten. Praktisch ist dieses umfangreiche Sportangebot am besten zu lösen, wenn es in einem Schulzentrum mit mehreren Schulen ein Sportzentrum gibt, das sich die verschiedenen Schulen teilen. Aber grundsätzlich wäre es in meinen Augen vorteilhaft, Stoppuhr und direkten Wettbewerb soweit wie möglich aus den frühen Phasen herauszuhalten, zumindest bis die eigene Persönlichkeit gefestigt ist. In der späteren Entwicklung ist noch genügend Zeit für Wettbewerb auf allen Ebenen für die, die diese Form des Ausdrucks suchen. Ein mit Tanzsport trainierter Körper hat mehr Zugang zu Ressourcen und zu Körperbeherrschung als ein einseitig mit Leistungssport trainierter Körper.

Der nächste wichtige Punkt: Musik und Kunsterziehung. In unserer Oberrealschule war es noch so, dass es eine Musikaula gab, zu der wir jede Woche hingepilgert sind, hauptsächlich um uns dort Unterrichtsstunden in Musikgeschichte und Musiklehre anzuhören und alle heiligen Zeiten fand dort eine musikalische Veranstaltung statt, meist abends. Aber das war alles sehr abgehoben und irgendwie elitär, lebensfremd. (Ein bisschen ein „AmbN", ein Alibiprojekt mit beschränktem Nährwert.) Es gab keine Chor Arbeit und kein gemeinsames Singen, was gerade in dem Alter wichtig wäre für die Öffnung von Energiezentren. Ich habe von dem Unterricht so gut wie nichts behalten und hab mir dieses Wissen dann später selber angeeignet, als ich soweit war und dafür offen war.

Dann gab es noch einen Zeichensaal mit einer Doppelstunde Kunsterziehung pro Woche. Davon haben wir dann ungleich mehr profitiert, vor allem dadurch, dass die Kunsterzieher aus der großen Schar der Lehrer hervorstachen durch ihre menschliche Nähe und ihr persönliches Engagement auch außerhalb des regulären Unterrichts. Für nicht wenige Schüler war das Verhältnis zu den Kunsterziehern und deren Rat und Ermutigung ein wichtiger Halt in der Schule. Kunsterziehung übernahm also eine wichtige Rolle in dem sonst leider viel zu seelenlosen Schulbetrieb. Aber auch ohne spezielle Lehrerpersönlichkeiten ist die Kunsterziehung ein wichtiger Ausgleich für das Seelenleben vor allem der sensibleren Schüler. In der Ganztagsschule sollte die Kunsterziehung eine Vielfalt an Möglichkeiten anbieten künstlerisch tätig zu werden. Es ist ein wichtiges Ausdrucksmittel und unerlässlich für das seelische Gleichgewicht der Schüler. Es sollte von Zeit zu Zeit Ausstellungen geben möglichst auf lokaler Basis unter Einbeziehung der lokalen Strukturen.

Es gab hervorragende Beispiele in Neuseeland, nachdem man dort die großen Vorteile erkannt hatte, die kreative und schöpferische Aktivitäten in einem schulweiten und schulübergreifenden Rahmen für den gesamten Schulbetrieb von der Grundschule an haben können. Die Schulen haben Ausstellungen veranstaltet, die zum Aushängeschild für die Schulen wurden. Ich war erstaunt über die Vielfalt und die Qualität der Arbeiten (überwiegend Collagen) selbst der jüngeren Jahrgänge. Man spürte die Begeisterung, mit der die ganze Schule hinter dieser Art des künstlerischen Entfaltung stand und es gab einen Art kreativen Wettbewerb zwischen den Schulen. Man fachsimpelt heute hierzulande sehr viel über die Integration von Minderheiten. In diesem Punkt hier liegt ein großer Goldschatz für jegliche Art von Integrationsproblemen im Kindes- und Jugendalter.

Die Sprache der Kreativität, vor allem wenn sie früh genug geweckt und gepflegt wird, überbrückt alle Schranken von Sprachen und kulturellen Animositäten. Zu diesem Goldschatz gehören zwei Teile: Einmal künstlerische Arbeit und Gestaltung und zum anderen Musik und Theater. Ähnlich wie beim Sport sollte es in einem Schulzentrum ein gemeinsam genutztes Kunstzentrum mit Werkräumen, Keramik-, Fotografiezentrum, Ausstellungsräumen etc. geben. Zum Programm für Mittel- und Oberstufe könnte noch kommen Maskenbau, Skulpturen etc.. Wir hatten eine Doppelstunde Kunsterziehung pro Woche. Für viele Aktivitäten einfach zu knapp. Der Vorteil der Ganztagsschule ist natürlich, dass dann genügend Raum da ist. Der künstlerische Ausdruck ist enorm wichtig für die Selbsterfahrung und die Selbstfindung und das Überbrücken kultureller Schranken. Die richtigen Mittel sind alle da, aber sie müssen eingesetzt werden.

Nächster Punkt: Musik. Meine Vorstellung ist, dass es ein Fach Musik und Stimme gibt und ich halte z.B. die Erfahrung des gemeinsamen Singens für viel wichtiger als neun Jahre lang Musikgeschichte und -theorie recht und schlecht unterrichtet zu bekommen.

Die Art, wie das bei uns passiert ist, war wie gesagt alles andere als inspirierend. Dabei ist alles, was mit Stimme zu tun hat, ein weiterer wichtiger Punkt der Selbsterfahrung, des Selbsterlebens, der nicht unter den Tisch fallen darf. Ob musische Schule oder nicht, die Erfahrung der eigenen Stimme gehört zu den elementaren Grunderfahrungen eines jeden Menschen (Das Element Stimmarbeit darf nicht verloren gehen gerade für die, die glauben, nicht singen zu können.)

Musiktheorie und -geschichte machen wenig Sinn ohne die Erfahrung der eigenen Stimme, die die Grundlage der Musikalität in jedem Menschen ist. Ich stelle mir ebenso vor, dass es in einem Schulzentrum ein gemeinsam genutztes Musikzentrum gibt, das neben dem Stimm- und Instrumentenunterricht durch vielfältige Aktivitäten bis hin zu Musicals Leben in den Schulalltag bringt. Und dann gibt es je nach Schule noch den Punkt Aufführungen und Inszenierungen. Chorarbeit und Theaterinszenierungen als schulweite Produktionen haben natürlich einen besonderen Wert für die Identität und das Zusammengehörigkeitsgefühl innerhalb der ganzen Schule.

Also Zusammenfassung: die wichtigsten Änderungen im Schulsystem in meinen Augen betrifft alles, was mit dem Körper und den Sinnen zu tun hat. Das ist unsere Basis, die muss stimmen. Das ist unsere Grundlage, auf der alles andere aufbaut. Aus dieser Basis, aus dieser Quelle muss die Inspiration, die Lust an der Schule und am Lernen und die Begeisterungsfähigkeit im frühen Alter kommen. Danach wird alles andere leichter. Aber es muss früh anfangen bei den Kleinen.

Also: Regulärer Sportunterricht wird zunächst abgelöst durch kreative Körperarbeit sprich Tanzsport. Herkömmlicher Sport ist freiwillig mit ein paar Ausnahmen wie dem Schwimmtraining und den Erste Hilfe Kursen. Das Fach Musik wird abgelöst durch ein Fach Musik und Stimme mit einem äußerst vielfältigen Programm. Kunsterziehung wird auf eine breitere Basis gestellt. In jedem größeren Schulzentrum sollte es ein Sportzentrum, ein Kunstzentrum und ein Musik- und Theaterzentrum geben. Und nochmal: die Zukunftsschule ist die Ganztagsschule. Ein weiterer wichtiger Punkt:

die „vertikale*" oder jahrgangsübergreifende Öffnung der Schulen. Bisher bleiben in den allermeisten Schulsystemen bei uns die einzelnen Jahrgänge strikt unter sich. Die Gesamtschule in Deutschland ist ein Versuch, die Grenzen zwischen parallelen Schulsträngen zu öffnen. Aber die Jahrgänge bleiben nach wie vor strikt getrennt und damit ist es sozusagen nur eine „horizontale*" Öffnung.

*Vertikale und horizontale Verbindungen und Beziehungen. Der aufrecht gehende Mensch existiert in einem Kosmos, der extrem stark differenziert zwischen vertikalen und horizontalen Kräften und Verknüpfungen. Das Energiesystem ist das eines vertikal ausgerichteten Transformators, der vertikale Energieströme verwandelt in horizontale und umgekehrt. In meiner „Freudschen" Philosophie spielen das Wechselspiel dieser vertikalen und horizontalen Kräfte eine zentrale Rolle. Zurück zum Thema: wenn wir aufwachsen, wachsen wir in einem System vertikaler und horizontaler Beziehungen auf. Die Beziehung zur Mutter und zu den Eltern ist die primäre vertikale Beziehung. Hingegen ist die Beziehung zu unseren Spielkameraden eine horizontale Beziehung, vor allem wenn sie gleichaltrig sind. Die primäre horizontale Beziehung wäre dann sozusagen mit einem Zwilling. Aufwachsen in der historischen Großfamilie oder der Sippe bedeutete Aufwachsen mit vielen anderen Kindern und die älteren haben sich naturgemäß auch der kleineren angenommen und je größer der Altersunterschied, desto mehr erleben wir das im Kindesalter als eine vertikale Beziehung.

Das Aufwachsen in einem Milieu von unterschiedlichen Altersstufen ist die natürliche Situation, die in unser Unterbewusstsein tief eingeprägt ist. Dieses natürliche Umfeld öffnet äußerst wichtige natürliche Ressourcen und Kanäle in den heranwachsenden Kindern, vor allem im emotionalen Bereich. Hält man Kinder in einem strikt „horizontalen" Umfeld, also mit nur Gleichaltrigen, dann schließen sich diese emotionalen Pforten und alles wird Wettbewerb und Überlebenskampf. Heute liegt es vielmehr an den Eltern ihre Kinder emotional zu öffnen. Dort wo das nicht geschieht, erleidet der emotionale Haushalt des Heranwachsenden ein Defizit, das sich in einem negativen Milieu verhängnisvoll auswirken kann. Wiegesagt in einem positiven Umfeld mit einem reichen Spektrum an Eindrücken sind genügend Auffangmechanismen vorhanden, die die Jugendlichen beweglich und offen halten. Aber heute existiert eine Situation, wo ein wachsender Prozentsatz an Jugendlichen in einem emotional verarmten Umfeld aufwächst und hier liegt einer der Hauptgründe für die wachsende Jugendkriminalität in den westlichen Gesellschaften.

Was wir heute haben durch das fast ausschließliche Zusammensein der Schüler mit nur Gleichaltrigen, ist eigentlich eine unnatürliche, künstliche Situation, die nicht unserer evolutionären Prägung entspricht und die emotional mehr verschließt als öffnet und die unbewusst als Konkurrenzsituation empfunden wird und zu einem verstärkten Wettbewerbsverhalten führt und die schwächere Schüler sehr schnell ausgrenzt und an den Rand drängt. Ich bitte hier nicht falsch verstanden zu werden: ich plädiere nicht dafür, jetzt in großem Umfang Altersstufen zu vermischen (es gibt da auch verständliche Bedenken). Aber ich plädiere dafür, diesen negativen emotionalen Faktoren durch verstärkte kreative Arbeit entgegenzuwirken und dadurch Emotionen zu öffnen. Für mich unterstreicht das die Wichtigkeit des kreativen Ansatzes und der kreativen Arbeit in den Schulen.

Der andere Punkt, der unbedingt gefördert werden sollte, ist Engagement: Bereiche anzubieten, wo sich Schüler engagieren können, nicht kopfmäßig, nicht nach da draußen, politisch z.B., sondern wo sie ihre Fähigkeit erproben können, sich um ein „Kind" zu kümmern, etwas was sozusagen schwächer ist. Das wäre in erster Linie die Natur vor allem im örtlichen Umfeld und in gewissen Grenzen auch sozial. Aber auch innerhalb der Schule: z.B. Buddysysteme: Schüler, die in einem Fach gut sind z.B., kümmern sich um einen Mitschüler, der in diesem Fach Schwierigkeiten hat. Verboten sind Buddybeziehungen unter Schülern, die ohnehin befreundet sind. Buddybeziehungen sind dort wichtig, wo Gräben bestehen, Brücken schaffen, die Fähigkeiten dafür entwickeln und trainieren. Es wäre wichtig, dass die „vertikalen" menschlichen Anlagen nicht im Wettbewerbsapparat Schule völlig verkümmern.

Was eben auch wichtig ist spätestens in der Oberstufe, nach Möglichkeit auch schon früher, ist möglichst viel Rollentausch in vielfacher Hinsicht. Z.B. ein Schüler übernimmt mal in Zusammenarbeit mit dem Lehrer den Unterricht in einer Unterrichtsstunde. Die Hauptaufgabe der Schule ist die Förderung von Fähigkeiten und Begabungen, sowohl der begabten Schüler als auch der, die sich schwerer tun. Unser Menschsein lebt von einem Gleichgewicht zwischen vertikalen und horizontalen Energien. Letztere repräsentieren die Welt, in der wir uns jeden Tag bewähren. Aber unsere angeborenen Ressourcen schöpfen aus dem Fluss der vertikalen Energien. Nur durch diese können wir die tieferen Ressourcen erreichen, die uns in die Wiege gelegt wurden und nur durch sie erhalten wir die Sicherheit, die wir für unser tieferes Selbstvertrauen brauchen. Das ist etwas, was tief im Unterbewusstsein verankert ist.

Und das nächste, was wichtig ist, ist die Schulgemeinschaft. Sich als Teil einer großen Gemeinschaft erleben. Hier sind die großen Schulprojekte im kreativen Bereich gefragt: Theateraufführungen, Musikaufführungen bis hin zu Musicals, Tanzproduktionen, Präsentationen verschiedener Arbeitsgruppen. Es sollte an zwei Wochenenden im Jahr Schulfeste geben, z.B. ein Sommerfest und ein Winterfest, an denen dann diese Produktionen aufgeführt werden. Einen ganz wichtigen Platz nimmt da jedoch vor allem das Kunstschaffen und die Kunstausstellungen im Kunstzentrum ein. Hier ist ausnahmsweise ein gesunder Wettbewerb zwischen den Schulen sehr willkommen. Ich habe wiegesagt in Auckland erlebt, wie inspirierend das richtige Maß an Wettbewerb für das ganze Schulklima sein kann.

So, und der nächste wichtige Punkt: die Projektschule. Das ist das erste, was ich als sofortige Wiederbelebungsmaßnahme ergreifen werde, sobald mich der Horst Seehofer jetzt endlich zum Kultusminister ernennt (es wird ja langsam Zeit – muss mal wieder anrufen bei den werten Herren da oben). (Im übrigen: wäre es nicht mal eine Idee, den

Kultusminister vom Schulbeirat wählen zu lassen, so dass er notfalls wieder abgewählt werden kann? Tja, ich bin schon wieder im Wolkenkuckucksheim...) Während der Schulzeit hab ich mich immer wieder gefragt, was die da oben mit ihrer Schulpolitik wirklich bezwecken. Menschen zu reifen und selbstbewussten Bürgern zu erziehen doch bestimmt nicht. So nicht. Eine Erziehung zu reifen Menschen im Vollbesitz ihrer Fähigkeiten sieht anders aus. Nun gut, also was ist diese geheimnisvolle Projektschule?

Es geht zunächst einmal darum, die Schule herauszuholen aus ihrem einsamen Elfenbeinturm und zurückzuholen in das Leben, in die moderne Realität. Junge Menschen in dem Alter wollen ab einem bestimmten Zeitpunkt nicht bloß Wissen absorbieren, sondern selbst aktiv werden. Es ist ganz wichtig, zum richtigen Zeitpunkt diesen Aktivitätsdrang aufzugreifen und zu unterstützen und zu kanalisieren in konstruktive Aktivitäten und Projekte. Das ist der Grundgedanke hinter dieser Projektschule, die zunächst als Ergänzung zum normalen Schulbetrieb gedacht ist. Für die Projektschule genügen ein paar Monate als Startschuss und dann eine allmähliche Integration dieses Ansatzes in den Schulbetrieb.

In der Projektschule lernen die Schüler in kleinen Gruppen von 2-5 zusammenzuarbeiten und konkrete Projekte durchzuführen, ihr Wissen und ihre Fähigkeiten auch umzusetzen. Wie der Name schon sagt, es geht um Projekte. Ab der Mittelstufe haben Schüler in den Ganztagsschulen für einen bestimmten Zeitraum, mindestens drei Monate lang, an den Nachmittagen Projektschule unter Anleitung und Überwachung von Lehrern (und freiwilligen Eltern - schlicht und einfach aus dem einfachen Grund, weil die Schule natürlich nur eine begrenzte Anzahl von Lehrern dafür bereitstellen kann. In solchen Fällen kann das Projekt den größten Teil der Zeit auch zuhause stattfinden und nur von Zeit zu Zeit wird das Projekt in der Schule vorgestellt und besprochen). Die Projektschule schafft ein Ventil für den Tätigkeitsdrang der Schüler und es stimuliert die Schüler, ihre Internetaktivitäten in eine positive Richtung zu lenken und es nimmt sie last not least in die Verantwortung und lehrt unter Aufsicht einen sauberen Umgang mit anderen Menschen und mit Projekten. Und ganz wichtig:

es fordert die Schüler heraus. Man muss auch anspruchsvolle Aufgaben stellen. Nur so können die jungen Staatsbürger wachsen. Also das wichtigste Stichwort ist schon gefallen: ein großer Teil dieser Projekte werden mit dem Internet zu tun haben.

Die Schüler können natürlich frei wählen und manche werden sich für Naturschutzprojekte oder für soziale Projekte im örtlichen Umfeld entscheiden. Es geht wirklich darum, die Schüler anzuregen, sich in ihrer Freizeit in ihrem Umfeld zu engagieren oder sie anzuregen, ihre tägliche Internetzeit für positive und konstruktive Aktivitäten zu verwenden, anstatt die Pornoseiten im Netz nach den besten Highlights zu durchkämmen oder noch besser unter einer digitalen Tarnkappe selbst Fanpost aus dem Netz zu fischen und sich daran aufzugeilen oder was es da noch für schöne Sachen gibt. (Da kommen wir alte Hasen ohnehin nicht mehr mit.) Nach einem Jahr können sich Schüler freiwillig dafür melden unter Aufsicht Projekte anzugehen, die eine begrenzte finanzielle Seite beinhalten. Es ist wichtig, dass Schüler rechtzeitig lernen Verantwortung zu übernehmen und auch mit Finanzen und Buchhaltung umzugehen. Gerade wenn das z.B. mit dem Internet zu tun hat. Die Schüler müssen hier natürlich angeleitet werden.

Es gibt jedoch bei diesem Projekt einen geheimen Hintergedanken ... **Der geheime Hintergedanke ist, Schüler durch die Hintertür dazu zu bringen, in kleinen Gruppen zusammenzuarbeiten - auch klassen- und jahrgangsübergreifend. Das ist äußerst wichtig auch für die übrige schulische Arbeit und später im Studium.** Die momentane Situation ist leider sehr traurig. Jeder kämpft um die besten Plätze im Notenzirkus. Jeder gegen jeden um die beste Poleposition für den Start ins Hochschul- und Berufsleben – roter Bulle gegen grünen Bulle gegen Silberbulle, Vettel gegen Hamilton gegen Button. Da ist leider kein Raum und keine Zeit für Zusammenarbeit. Eine traurige Schulwelt**. Rechtzeitig zu lernen, in kleinen Gruppen zusammenzuarbeiten, ist für die Schule, für die Universität und für das Leben äußerst wichtig.

Die Projektschule ist keine separate Schule, sondern integriert sich in den normalen Schulbetrieb. Einer der Hintergedanken bei dieser Schule ist es ein, den Internetaktivitäten der Schüler eine Richtung und ein Ziel zu geben. Mit anderen Worten: wir haben hier eine erhebliche Menge an Energie, die sich im freien Raum bewegt und die zusehends zu einem Problem wird, das man versucht, auf die ein oder andere Art zu kontrollieren. Das ist aber der völlig falsche Weg, der nie ganz funktionieren wird. Die Projektschule beginnt diese Energie in lohnenswerte Projekte zu bündeln. Für alle Beteiligten ein sehr lohnenswertes Projekt. Die Schüler lernen in kleinen Gruppen zusammenzuarbeiten und Projekte durchzuziehen, die konstruktiv und produktiv sind (unter der Anleitung und gelegentlicher Aufsicht der Eltern oder Lehrer). Ich halte das für ein typisches „Win Win Projekt", in dem alle Seiten profitieren.

Wo kommen die ganzen Projekte her? Die Projekte werden auf Antrag vergeben und sind strikt reglementiert. Irgendjemand muss die Übersicht behalten und das ganze muss ein wenig gesteuert und in eine produktive Richtung gedrängt werden. Ein Teil spielt sich ausschließlich auf dem Internet ab. Ein anderer Teil spielt sich lokal in der lokalen Gemeinde ab. Aber ein großer und wichtiger Zweig für die Schule sind Forschungsprojekte z.B. Ernährung. Ja, dabei sind Mäuse etc. im Einsatz, aber ohne diese Tiere zu töten oder aufzuschneiden. Es gibt auch sehr gute schonende Diagnosemöglichkeiten. Dabei geht es aber schon um Fragen, die für die Schüler von starkem Interesse sind wie z.B. genveränderte Lebensmittel, auch wenn das eine bestimmte Brisanz hat. Es wäre absolut falsch und schädigend, den Schülern brisante Fragestellungen zu verbieten (damit könnte man nur erreichen, dass sie es im geheimen tun).

Ein großer Vorteil der Projektschule: sie kann zunächst auch als Elterninitiative außerhalb der Schulzeiten gestartet werden. Generell aber dürfte hier dem Kultusministerium die Zustimmung zu probeweisen Einführungen nicht zu schwer fallen (müsste man wenigstens meinen). Aber wer blickt schon in die Köpfe dieser hohen Herren hinein? Aber wir haben ja Länderhoheit. Also müsste es doch möglich sein ein fortschrittlich denkendes Kultusministerium zu finden, das die Vorteile eines solchen Projektes sehen kann.

So, und jetzt sagen Sie uns bitte, werter Herr Autor mit all Ihren schlauen Vorschlägen: UND WANN SOLLEN DIE ARMEN SCHÜLER DANN NOCH LERNEN?? DAS TUN, WOFÜR IHRE ELTERN SIE HIERHER SCHICKEN? UND FÜR DAS SIE DIREKT UND INDIREKT VIEL GELD ZAHLEN? Die Schüler brauchen doch so schon all ihre Energie für die Bücher. Können Sie uns das bitte beantworten, lieber Herr Autor??

Das Geheimnis ist Energie, Inspiration und was ich den goldenen Faden der inneren Kräfte nenne. Energie und Inspiration (bis hin zu Begeisterung vor allem in den jüngeren Jahrgängen) **versetzen Berge. Hier wird so viel mehr Energie frei für die Lernziele, dass das Lernen in einem Klima von gegenseitiger Inspiration viel leichter und effektiver von der Hand geht*.** Im linearen Schulbetrieb, in dem alles auf ein Ziel ausgerichtet ist, wo dieses Ziel 13 Jahre lang wie ein Damoklesschwert über den Schülern hängt und Psyche und Seele sozusagen nicht genährt und mit genügend Energie und Leben versorgt werden, wird alles ungeheuer schwer und zäh wie Teer und wenn du so viele Jahre in dieser zähen Masse und in dieser Leistungsmaschine bist, das ist hart. Nur wenige ragen da darüber hinaus und haben das Nervenkostüm, um davon unbeeinflusst zu bleiben. Gerade sensiblere Schüler und Randgruppen geraten da schnell unter die Räder.

Und dann setzen sich die schlauen Herren Bildungsminister zusammen und beraten, wie man hier Fördermittel verteilen kann, um Randgruppen zu unterstützen und zu fördern und wie man Chancengleichheit und Gleichstellung erreichen kann und wieder werden lineare Ziele gesetzt und sozusagen das eine lineare Ziel durch ein anderes ersetzt oder ergänzt. Am System ändert das nichts. Und der Karren ähnelt nach wie vor eher einem Ochsenkarren (Entschuldigung) als einem Pferdegespann mit vielen Glöckchen. *(Jetzt beim Lesen klingt das alles nach einem Riesenprogramm. Aber vieles davon ist Zielvorgabe. In jeder Phase wird sich das schwerpunktmäßig reduzieren auf das in dieser Phase machbare und sinnvolle. Aber es braucht zunächst eine klare Zielvorgabe und ein umfassendes Gesamtkonzept.)

**Erinnere mich in München in den siebziger Jahren – damals kam der Studentenboom so richtig ins laufen – und neue Trabantenstädte mit vielen Studentenwohnanlagen wuchsen aus dem Boden und ich hab damals ja immer viel gehandelt und es gab ja die beliebten Szeneblätter mit vielen Kleinanzeigen und so ergab es sich, dass ich in diesen Studentenstädten versuchte, meinen Weg zu einer bestimmten Adresse zu bahnen und mehr als einmal liefen mir dabei kalte Schauer über den Rücken. Es war gespenstisch: geisterhafte Roboterstädte für den Lernfabrikennachschub. Alles war hoch organisiert, funktional, Hausmeister, Sicherheit (und natürlich das Beiprodukt Angst neben der noch größeren Angst, keinen guten Abschluss zu machen), aber es war eine gespenstische Atmosphäre, die kein menschliches Gefühl aufkommen ließ. Eine in Stein gemauerte Orwell Vision. War das noch Zufall? War das gewollt? Hat sich da jemand was dabei gedacht? War das nur ich, der das so empfand?

Und das in der bayerischen Metropole, der Stadt der Gemütlichkeit, der Weltstadt mit Herz. Wenn das irgendwo im Ruhrpott gewesen wäre, hätte mich das nicht sonderlich überrascht. Aber mitten im gemütlichen Bayern? Der Altbayer in mir dreht sich noch heute im Grab um beim Gedanken an diese seelenlosen Wohnfabriken für Lernroboter. Ich weiß nicht, wie diese Situation heute ist, aber nach jeder Pendelbewegung in die eine Richtung schwingt das Pendel wieder zurück. Ich hoffe, es ist wieder einigermaßen zurück im Schoß des Menschlichen und allzu Menschlichen gelandet.

Ich wollte nochmal was zur Waldorfschule sagen, dem wohl erfolgreichsten Alternativkonzept weltweit. Obwohl ich das Waldorfkonzept für ein hervorragendes alternatives Schulkonzept halte, eines der wenigen, das sich weltweit etablieren konnte, hat mich immer eine gewisse Statik gestört, die ich dort empfunden habe. Das hat aber meiner Meinung nach nichts mit Rudolf Steiner zu tun, sondern eher mit Situationen, die mit dem strikten Hochhalten und

Befolgen der Lehren eines verstorbenen Weltenlehrers zu tun haben. Vielleicht war Steiner zu hoch oben und es ist zu viel religiöse Aura um seine Lehre entstanden und zieht viele Menschen an, die sich über Steiner eine neue Identität besorgen und die haben vor allem eines: Angst. Unbewusste Angst, diese neue Identität wieder zu verlieren. So könnte ich mir diese fast weihevolle Statik, diesen Heiligenschein über Steiner und seiner Lehre erklären. Der ist aber sicher nicht im Sinne Steiners.

Das Waldorf Schulkonzept ist dadurch entstanden, dass ein engagierter Unternehmer in den zwanziger Jahren des letzten Jahrhunderts Steiner bat, eine Schule für die Kinder seiner Arbeitersiedlung führend zu begleiten. Das war wenige Jahre vor Steiners Tod. Ich bin mir ganz sicher, dass wenn Steiner heute wieder aus dem Grab steigen würde, dass er mit vielem aufräumen würde, es würde zwar alles auf derselben anthroposophischen Grundsätzen beruhen, aber in vielen Details ein wenig anders aussehen würde. Es hat sich in dem Jahrhundert zu vieles verändert. Und den Heiligenschein würde er neben ein paar Grenzpfosten als allererstes in den Müll schmeißen. Das ist halt ein sehr trauriger Punkt bei so einem gut gemeinten Konzept, dass es irgendwann erstarrt, früher oder später. Das Konzept wird nicht mehr flexibel weiterentwickelt, wenn der Urvater zum Übervater wird, der samt Heiligenschein über dem Projekt thront. Meist setzt sich irgendwann an der Spitze eine Generation der Gralshüter durch. Ich muss aber sagen, dass ich im Internet auch auf Projekte gestoßen bin, die das Herz eines Wassermanns mit Kultusministerambitionen höher schlagen lassen:

Naturkindergarten Vogelhüttenberg (www.naturkita-in-harburg.de)

Tanz, Musik und Bewegung, Yoga. Zusätzlich zu unseren Hauptschwerpunkten runden diese Schwerpunkte das Profil und das Angebotsspektrum unseres Naturkindergartens ab. Durch diese Schwerpunkte werden das Konzentrationsvermögen, die Motorik, die körperliche und geistige Entwicklung des Kindes gefördert. Die Ordnung und der Rhythmus der Musik steigern die Wahrnehmungskraft des Kindes. Es lernt besser zu hören, sich anzupassen, laut von leise, hohe von tiefen Tönen zu unterscheiden. Durch Yoga und Tanz haben die Kinder die Möglichkeit ihre Gefühle besser wahrzunehmen und diese besser zu steuern. Auch die Motorik, die Koordination ihrer Bewegungen wird gefördert und gesteigert.

Dem ist aus meiner Sicht nichts hinzuzufügen... Gut, das ist jetzt etwas lang geworden, aber mir ging es darum, einmal auf diesem Weg bis ins Detail all die Schlüsselpunkte darzustellen, die meiner Meinung nach unserem gegenwärtigen Erziehungssystem fehlen und die eben entscheidend sind, um jungen Menschen eine solide Grundlage mitzugeben an Fähigkeiten und Zugängen zu sich selbst und zu ihren Mitmenschen. Dazu gehören Ausdrucksvermögen, Selbstvertrauen, Selbstwertgefühl und vieles mehr. Mit dem richtigen Rüstzeug sind sie den Herausforderungen einer modernen, sich schnell wandelnden Zeit wesentlich besser gewachsen. Und ich behaupte, tief drinnen haben wir alle ein Wissen, was wirklich notwendig wäre, um dieses Steuer herum zu schmeißen und das Groteske ist ja, dass all die Werkzeuge da sind, wunderbare Werkzeuge, Geschenke des Himmels sozusagen wie das Orffsche Schulwerk etc., die eben früh genug auch angewandt werden müssen. Aber es geht wirklich um ein komplettes System, das die von der Natur angebotenen Edelsteine zur richtigen Zeit fördert und poliert.

Und ja, ich gebe zu, das ist jetzt eine große Ansammlung von Ideen und Anregungen und das ist noch kein integriertes Konzept. Aber dies könnte erst durch die Praxis, durch ein schrittweises Einführen von einzelnen Elementen erreicht werden. Insgesamt ist es halt wieder mal etwas zu viel Wassermann. Das bräuchte jetzt noch einen guten Schuss Stier Energie um das Raumschiff wieder mit allen Vieren auf dem Boden zu landen... Aber der Stier kommt von alleine mit der Praxis. Und jetzt kommen wir auf unserer Reise zum nächsten Thema, das mir am Herzen liegt und zu dem ich mir viele Gedanken gemacht habe, ausgehend von der Diskussion über Sicherheitsverwahrung, nachdem die EU der bisherigen deutschen Praxis einen Riegel vorgeschoben hatte. Auch hier geht es nicht um eine ferne Zukunft, da der gegenwärtige Strafvollzug mit seinen sehr hohen Rückfallquoten schon lange reif ist für eine gründliche Revision und für ein Überdenken des gesamten Umfelds. Ich möchte hier u. a. ein Projekt vorstellen als temporäre Alternative, das den

Handlungsspielraum erheblich erweitern und viele Schwächen des jetzigen Systems abfedern würde. Und das ist jetzt zum Glück nicht ganz so laaaang.

5) VERWAHRANSTALT.

Sicherungsverwahrung, Strafvollzug, ein sehr großes Gebiet, das es schwer hat, seinen Weg zu finden zwischen den Forderungen der Gesellschaft und dem modernen Katalog der Menschenrechte. Die momentane Situation ist alles andere als erfreulich. Die Rückfallquoten im heutigen Strafvollzug in der BRD sind erschreckend hoch (nach einigen Quellen weit über 50%). Ich fürchte, dass sich die meisten Bürger dieser Daten nicht bewusst sind. Diese Rückfallquoten sind eigentlich eine Bankrotterklärung des jetzigen Systems. Und es sind nicht nur die Rückfallquoten, auch viele Missstände in den Vollzugsanstalten selbst sprechen eine eigene Sprache. In den Gefängnissen existieren Hierarchien der Gewalt. Neulingen wird meist äußerst schnell klargemacht, was Sache ist. Wird jemand als ein Schwächling erkannt, dann droht ihm nicht selten ein langer Leidensweg. Drogen sind an der Tagesordnung. In den Gefängnissen gedeiht eine eigene Subkultur, die ihre Mitglieder in einem Gefängnis ganz eigener Art gefangen hält.

Die Daten können nachgelesen werden bei Prof. Dr. Bernd Maelicke: http://www.dbh-online.de/service/Maelicke_Aussenansicht_07-10-07.pdf und http://www.taz.de/!140746/. Zitat: „Deutschland hat weltweit die sichersten Gefängnisse. Die Resozialisierungserfolge sind dagegen gering. Die Rückfallquoten sind erschreckend hoch (über 50 %). usw." Herr Maelicke ist hierzulande einer der führenden Experten in Sachen Resozialisierung. (Auf der Webseite *www.dieneuefitness.jimdo.com* sind die Artikel abgedruckt.)

Dabei ist es nicht so, dass nichts geschieht, es gibt Vorzeigeanstalten mit einem großen Angebot an Ausbildungsmöglichkeiten etc., aber leider sind das Alibiprojekte, die man herumzeigen kann und ins Internet stellen kann zur Beschwichtigung der Bevölkerung und zur Beschwichtigung der politischen Führung. Aber zum Glück gibt es hin und wieder Berichte, die die wirkliche Situation kompromisslos aufzeigen. Die traurige Wahrheit ist, dass die meisten JVA´s überfüllt sind und gleichzeitig Personal gespart wird, was in der Situation alle Lippenbekenntnisse zur Resozialisierung zur Farce macht. Es ist richtig, dass man mit dem Aussetzen kürzerer Gefängnisstrafen auf Bewährung gute Erfahrungen gemacht hat, aber sobald jemand in der Gefängnismaschinerie drin ist, wird er Teil einer eigenen Subkultur, die ihre eigenen Gesetze macht und da ist es dann sehr schwer einzudringen. Es kommt vor, dass Kleinkriminelle im Milieu des Gefängnisses erst zu schweren Jungs werden.

Genau genommen ist die Gewalt in den JVA´s eine ganz logische Konsequenz, die niemanden zu überraschen braucht. Vor allem im Milieu überfüllter Gefängnisse kann es gar nicht anders geschehen, als dass das hier zusammengewürfelte Leben auf Herdeninstinkte zurückgeworfen wird. Urinstinkte melden sich zu Wort. Der Weg nach vorne ist verbaut, zumindest für lange. Aber die Energie muss irgendwo hin. Der Einsatz der Fäuste schafft Erleichterung. Und man spielt wieder, was man jeden Tag erlebt: man spielt Vollzug: man teilt aus, vollzieht und sucht sich dafür Opfer. Damit kann man sich für einen Moment Luft verschaffen, etwas wieder loszuwerden von der Gewalt, die man von den Mauern und der Geräuschkulisse erfährt, diesem allgegenwärtigen Geräusch schweren Eisens.

Die Wurzel des Übels ist dieses reine Abstellen der Menschen ohne Aufgabe, ohne dieser Zeit einen Sinn zu geben. Auf ein Abstellgleis stellen ohne Aufgabe ist kontraproduktiv und kann zu nichts Gutem führen. Hier ist ein Überschuss an Energie, der sich irgendwo entladen muss. Und je weniger der Körper arbeitet, desto mehr arbeitet das Gehirn. Das ist ein ganz einfaches Gesetz. Ein solches Gehirn kann in dieser Situation nichts anderes als brüten. Das ist wie ein Brutreaktor. Und dann finden sich natürlich auch die richtigen Leute zusammen mit entsprechender energetischer Aufladung. Und was dabei herauskommt ist Gewalt gegen gefühlte Gewalt. Wenn man hier etwas verändern will, dann ist es in mehrfacher Hinsicht wichtig, die Leute zu beschäftigen, ihren Tag zu füllen, mit viel körperlicher Bewegung und mit produktiver Arbeit. Ein

„produktives" Gefängnis, in dem die Leute nicht nur abgestellt werden, könnte so aussehen: morgens raus in den Hof oder in die Sporthalle und mindestens 30 Minuten intensives Körpertraining. Dafür genügt ein Trainer. Erst danach kommen Gemeinschaftsdusche und Frühstück. Die Leute herausholen aus der Agonie des Absitzens. Ein bisschen militärisches Ambiente schadet nicht an einem Platz, wo so viele Leute auf engem Raum zusammengepfercht sind, ganz im Gegenteil. Es bringt ein wenig frischen Wind in erstarrte Gemäuer und erstarrte Rituale.

Und danach folgt ein Achtstundentag produktiver Arbeit. Und wenn nicht genügend Arbeitsplätze da sind dann müssen sie geschaffen werden. Diese Investition zahlt sich in mehrfacher Hinsicht aus. Aber inzwischen denken immer mehr Bundesländer darüber nach, die Arbeitspflicht in JVAs abzuschaffen, in meinen Augen ein Schritt in die völlig falsche Richtung (da gibt es absurde Begründungen wie „Der Verzicht auf die Arbeitspflicht sei Ausdruck des Angleichungsgrundsatzes an die Verhältnisse außerhalb des Vollzugs." Das ist ohne Worte. Was will man als nächstes als Ausdruck des Angleichungsgrundsatzes abschaffen oder einführen? Das Recht auf vier Wochen Urlaub im Jahr??). Aber der wahre Grund liegt wohl eher darin, dass Anspruch und Wirklichkeit zu weit auseinanderklaffen. Es sind einfach zu wenig produktive Arbeitsplätze vorhanden. Und es ist klar: in hoffnungslos überfüllten Gefängnissen mit bis zu 1000 Insassen wären die Investitionen zu groß und der Platz zu knapp. Und die gesamte Rechtsprechung ist zu stark fokussiert auf das Wegsperren: Schloss zu, Problem gelöst, Bevölkerung ist wieder sicher und beruhigt.

Die Grundlagen unserer Rechtsordnung gehen zurück auf den Anfang des Kaiserreiches 1871 und in dieser Zeit war der Fokus auf Strafe und Sühne und die Moral des Menschen war der große Leitgedanke, der das Gesetz bestimmt hat. Wir leben heute in einer anderen Welt und da steht der Fokus auf die rein moralische Ebene auf ziemlich verlorenem Posten. Gleichzeitig sind die durchschnittlichen Schadenssummen ungleich höher. Diese materielle Ebene muss viel stärker in den Mittelpunkt rücken für die Rechtsprechung um glaubwürdig zu bleiben. Der klare Trennstrich zwischen Straf- und Zivilprozess ist da manchmal ein bisschen im Weg, ebenso wie die Bestrafung nach Strafen Katalog (ob jemand eine Beute von 1000 € oder 100.000 € macht, spielt schon eine Rolle, aber solange nicht die Wiedergutmachung des Schadens integrierter Teil des Strafprozesses ist, ist diese Rolle immer noch zweitrangig). Es gibt einen zu starken Fokus auf die Strafe, den Bestrafungsgedanken und nicht genug Fokus auf den Schadensersatz- und Wiedergutmachungsgedanken. Dieser muss aus mehreren Gründen viel stärker in den Fokus des Rechtswesens treten.

Es gibt Fälle, wo Diebe oder Einbrecher Millionen Beute machen und nach dem Absitzen ihrer Strafe unbehelligt von der Justiz die Früchte ihrer Straftat ernten und genießen dürfen. Hier ist am Ende die Gesellschaft der Verlierer, die sowohl für den Schaden, als auch noch schön brav für den Gefängnisaufenthalt bezahlt und der Übeltäter am Ende der Gewinner. (Und wenn man weiß, dass nach der Entlassung ein gutes Leben auf einen wartet, kann man sich die Jahre im Knast schon gut einrichten und man kann gut Kind spielen, um frühzeitig entlassen zu werden. (Das ist jetzt ein bisschen boshaft, weil das nur ziemlich wenige sind, aber diese Extremfälle zeigen Schwachpunkte in der Gesetzgebung auf.) **Wenn jemand einen Raub begeht und das Versteck der Beute nicht preisgibt, besteht im Prinzip der Raub weiter. Genau genommen ist das fortgesetzter Raub, so lange bis er reinen Tisch macht und den Verbleib der Beute offen legt. Ja, es gibt einen Unterschied in der Behandlung von Tätern, die mit der Justiz kooperieren und denen, die nicht kooperieren, aber nach wie vor steht der Strafenkatalog an oberster Stelle.**

Nun leben wir in Deutschland und das heißt natürlich auch, dass es keinen Mangel gibt an Kommissionen und Ausschüssen, die sich mit den Problemen befassen. Aber es tut mir leid, was hier seit langem geschieht, ist ein Trauerspiel der besonderen Art. Es werden auf hohem Niveau Lösungsvorschläge und Resozialisierungskonzepte erarbeitet, die sich auf dem Papier großartig anhören: Ausbau der ambulanten sozialen Dienste, durchgehende Betreuung, Gerichtshilfe, Bewährungshilfe, Führungsaufsicht, Jugendgerichtshilfe, Freie Straffälligenhilfe usw.. Das Niveau der individuellen Betreuung, das von den Kommissionen für notwendig erachtet wird, um die Rückfallquoten spürbar zu senken, ist sehr hoch. Aber 90% der für den Strafvollzug vorhandenen Geldmittel verschlingen allein die Personal- und Sachkosten der JVA's und dabei wird ohnehin schon in vielen JVA's an Personal gespart trotz Überbelegung.

Fassen wir einmal kurz zusammen: ein wirksames Senken der zu hohen Rückfallquoten durch breit angelegte 1 zu 1 Betreuung der Gefangenen scheitert weniger an mangelnden Resozialisierungskonzepten, sondern an mangelnden Ressourcen. Wir haben eine Situation, wo Öffentlichkeit und Justiz zu fokussiert sind auf Bestrafung und Wegsperren, wodurch zunächst mal das Problem und die Bedrohung weg sind vom Tisch und jeder kann wieder aufatmen - Problem gelöst. Diese Mentalität produziert am Ende die Art von Strafjustiz und Vollzug, die wir heute haben.

Was kann man tun? Man muss diesen Zyklus irgendwo durchbrechen. Ein Schwert muss her. Ein Schwert, das diesen gordischen Knoten durchschlagen kann. Ich glaube, es gibt so ein Schwert. Aber bevor wir zu diesem Excalibur kommen, noch ein paar Vorschläge, die mit den vorhandenen Mitteln arbeiten und keiner großen Investitionen bedürfen und die dennoch zu einer Entschärfung der Situation beitragen können. Was wir suchen, sind WIN WIN Lösungen. Meistens gibt es solche Lösungen, wenn man einmal vom direkten, geradlinigen Pfad abweicht. Der Gedanke Sozialarbeit statt Gefängnis ist die bisher am meisten praktizierte Alternativlösung, von der aber in meinen Augen noch wesentlich mehr Gebrauch gemacht werden sollte, vor allem bei frühzeitiger Entlassung geeigneter Häftlinge. Anstatt den Betreffenden sofort in eine unsichere Freiheit zu entlassen, wäre es in vielerlei Hinsicht produktiver, generell der Gefängniszeit eine Pufferzeit von 6 Monaten Sozialarbeit folgen zu lassen. Das kann alles sein von Arbeit bei städtischen Betrieben von Müllabfuhr bis Parkreinigung bis hin zu sensibleren Arbeiten in Sozialeinrichtungen. Der Gefangene kann in gewissem Rahmen wählen auch im Hinblick auf einen späteren Berufswunsch falls eine entsprechende Arbeitsstelle verfügbar ist.

Es ist jedoch wichtig, dass das sehr streng gehandhabt wird, der Betroffene trägt in der Zeit eine elektronische Fußfessel und er unterschreibt, dass er sich klar ist, dass er bei selbstverschuldetem Abbruch nochmal sechs Monate zurück ins Gefängnis muss. Wenn man das nicht macht, ist die Verführung viel zu groß, beim kleinsten Problem alles hinzuschmeißen und abzuhauen und unterzutauchen und damit hätte man genau das erreicht, was man verhindern wollte. Wenn dieses Projekt Sinn macht, dann nur mit absolut striktem Regelwerk. Den Einwand, dass es zu schwierig sein könnte, genügend Einrichtungen zu finden, die entlassene Straftäter akzeptieren, lasse ich nicht gelten. Dafür gibt es zu viel Personalnotstand in vielen sozialen Einrichtungen vor allem seit dem Wegfall der Zivildienstleistenden.

Und jetzt gehen wir weiter. Also, wir suchen nach unkonventionellen WIN WIN Lösungen. Gut, es fehlen im Land genug Betreuer, um erfolgreiche Resozialisierung zu machen und es fehlt das Geld, so viele Betreuer wie nötig wären zu bezahlen. Aber es gibt einen Platz, wo genug Betreuer sitzen, die genug Zeit haben und die kein zusätzliches Geld kosten. Dreimal dürfen Sie raten. Es ist gar nicht so schwer. Diese Betreuer haben sogar sehr viel Zeit und viele wären dankbar, eine sinnvolle Aufgabe zu erfüllen. Jetzt dürfte es nicht mehr so schwer sein: Jawohl, diese Betreuer sitzen im Knast und haben nichts sinnvolles zu tun. Und genau hier liegt eine Lösung des gordischen Rätsels. - **Aber wie soll das gehen? Wie mache ich Betreuer aus schweren Jungs??**

Ich behaupte, es gibt auch dafür Mittel und Wege, wenn man bereit ist, hier völlig umzudenken und sich von allem vorgefassten Denken zu befreien. Gut, ich gebe zu, das geht natürlich nicht von heute auf morgen und geht wohl auch nicht sofort mit allen unseren Jungs. Erforderlich ist ein Mehrstufenkonzept, das in der Lage ist, Schritt für Schritt sozusagen die Polaritäten zu verschieben oder umzudrehen. Aber man muss zunächst ganz von unten anfangen.

Man muss zu den Wurzeln der Gewalt. Hier dreht sich zunächst alles um Körper. Das wichtigste sind zunächst Ventile für die Aggression: Aggressionsabbau. Fußball ist dafür nicht geeignet, das setzt nicht tief genug an. Boxen, Ringen, Kampfsportarten wie Kung Fu sind die Mittel der Wahl.

Realistisch brauchen wir dafür als erstes ein Support Network, um das in die Gänge zu bringen, ohne auf die Politik zu warten: AGK Aktion gegen Gewalt im Knast oder so. Das Network sucht als erstes nach professionellen Boxern und Ringern etc., die bereit sind, in Gefängnisse zu gehen und Kurse zu veranstalten. Kanäle schaffen für die Gewalt, die muss irgendwo hin. Und als wichtige Ergänzung kommt z.B. Breakdance etc. hinzu und jetzt ist es auch Zeit, Massagekurse zu organisieren. Neue Ebenen schaffen für Austausch. Aber es gibt auch andere Methoden des Aggressionsabbaus. Trommeln und Trommeltanz vorzugsweise afrikanisch sind ein weiteres wichtiges Ausdrucksmittel, um Dinge loszuwerden und Grundlagen für ein neues Selbstbewusstsein zu legen. (Die Trommeln werden in der Schreinerei selbst gefertigt.) Und es gibt hervorragendes Körpertraining, das aus der Theaterarbeit kommt. Also es gibt keinen Mangel an Optionen.

So und jetzt geht es einen Schritt weiter: es wird ein Videoprogramm ins Leben gerufen. Dafür werden zunächst für einzelne Gefängnisse eine größere Anzahl gebrauchter Computer angeschafft und so programmiert, dass sie nur für diesen Zweck eingesetzt werden können - kein Internetanschluss, das ist klar. Es braucht natürlich am Anfang eine Gruppe von Betreuern, die das Projekt in die Wege leiten. Im ersten Schritt des Projekts geht es darum, dass die Insassen, die an therapeutischer Arbeit interessiert sind, sich vorstellen und aus ihrem Leben erzählen, wenn möglich auch über Zuhause und Schule, das andere Geschlecht etc., aber einfach einen Anfang machen über sich zu reden, gerne auch unter einem Decknamen. (Auf dem Computer sind ein paar Beispiele zur Anregung).

Das nächste Ziel ist, Arbeits- und Gesprächsgruppen zu bilden, die Gesprächsrunden bilden, zunächst unter Anleitung eines erfahrenen

Ex Häftlings (das wäre der Idealfall), die einzelne Videos besprechen. Es wird dann eine Videogruppe gebildet, ausgerüstet mit zwei, drei Videokameras, die dann auch einzelne Wärter interviewt und vorstellt, aber auch einschlägige Filme organisiert. Und auf die Dauer optimal wäre ein anstaltinternes Kabel TV. Jedenfalls das Ziel ist, einen Anfang zu machen und einen Prozess einzuleiten, der es erlaubt innerhalb der Mauern und untereinander über sich selbst und das eigene Leben zu reden und vor allem darüber was man für Pläne hat, was man machen möchte, wenn man raus kommt. Es ist ganz wichtig, dass das auf Video gemacht wird, nicht für irgendwelche Aufseher, sondern für sich selbst und die Kollegen. Und es gilt, wie bei vielem, der Beginn ist entscheidend.

Und dann kommt noch ein wenig Zukunftsmusik, aber auch dafür gilt, die Grundsteine können nicht früh genug gelegt werden und werden schneller Früchte tragen als man denkt. Zunächst muss man sich mal ein bisschen zurücklehnen: was passiert, wenn man im Namen des Volkes verurteilt wird zu soundsoviel Jahren Haft, was passiert da eigentlich? Nun, dieses Volk, diese Gesellschaft schenkt jemand eine Auszeit, in der für alles gesorgt ist. Man muss mal wirklich auch diese Seite sehen: die Chance einer Auszeit und dazu gehört (theoretisch), dass die meiste Ablenkung weggenommen wird, was diese Auszeit stören könnte. Aber man hat das wichtigste, für das man hier auf dieser Erde ist: man hat sich selbst. Ich weiß das klingt alles weit weit weg, für die meisten Insassen klingt das wahrscheinlich wie blanker Hohn, aber so weit weg ist das eigentlich gar nicht. Hier öffnet sich ein Portal, das in die Zukunft weist.

Und auch heute sind es nicht alle schwere Jungs, die eine solche Auszeit bekommen, darunter sind auch Leute, die offen sind für neue Formen und neue Wege. Sobald die Verbindungen hergestellt sind, finden sich auch Meditationsmeister, Zenmeister, Yogalehrer, die bereit sind Kurse in Gefängnissen zu geben. In der Zukunft wird es „Gefängnisse" geben mit anfangs bis zu 100 „Insassen", die mehr einem Kloster gleichen, geleitet von Mönchen mit allerdings sehr strengem Reglement. Oder mit anderen Worten solche Klöster werden anbieten, Strafgefangene in einem sicheren Rahmen aufzunehmen als Alternative zum Knast und auch Leute, die normal in geschlossene psychiatrische Anstalten eingewiesen werden. Zwei Jahre in einem solchen Kloster sind ausreichend um als neuer Mensch ein neues Leben beginnen zu können - ohne Rückfallgefahr.

Und jetzt kommen wir endlich zu unserem angekündigten Excalibur Schwert, das den Gordischen Knoten durchtrennen soll. Also, was sind die Probleme: für mich gehört zu den größten Problemen, dass der Sprung vom Gefängnismilieu in ein wie auch immer geartetes urbanes Umfeld mit all seinen multiplen Reizen und Eindrücken einfach zu groß ist. Das ist ein Sprung von einem Extrem ins andere. Das ist mehr als selbst ein normaler Mensch verkraften kann. Hier muss eine Zwischenstation dazwischen sein, die den Boden vorbereitet. Zu den ungelösten Probleme im jetzigen Strafvollzug gehört als aller erstes die Sicherungsverwahrung. Die jetzige Praxis ist genau genommen nicht mehr als eine Notlösung: in Ermangelung besserer Alternativen lässt man die Betroffenen einfach weiter im Gefängnis mit ein paar Erleichterungen, was im Endeffekt einer Fortsetzung der Strafe gleichkommt. Das kann man drehen und wenden, wie man will. Hier wird für mich ein Mangel an Flexibilität und ein Mangel an Alternativen deutlich, der heute den deutschen Strafvollzug beherrscht. Es muss hierfür auch andere Lösungen geben, die der Situation besser gerecht werden. Deutschland wird auf die Dauer nicht umhin können, hierfür eine angemessene Lösung zu finden.

Das zweite Problem ist Dauerthema: Resozialisierung. Trotz vieler erfolgversprechender Ansätze ist bis heute kein Durchbruch erzielt worden. (Ich würde die 6 Monate Sozialarbeit für eine ausgezeichnete Alternative halten, wenn es richtig durchgeführt wird.) Aber ich denke mir, dass es da noch andere Alternativen geben muss. Also nochmal in kurz:

1. Sicherungsverwahrung, Gesucht wird: ein Pilotprojekt für eine Sicherungsverwahrung, die nicht eine Fortsetzung der Bestrafung darstellt, sondern dem Betreffenden eine ausreichende Art der

Selbstverwirklichung ermöglicht.

2. Resozialisierung, die Rückfallquoten in Deutschland sind zu hoch. Gesucht wird ein Resozialisierungsprojekt für die Resozialisierung von Langzeitgefangenen vor ihrer Freilassung mit dem Ziel Rückfallquoten entscheidend zu senken. Und es geht auch z.B. darum Sexualstraftätern einen Übergangsplatz anzubieten, wo sie nicht sofort zur Zielscheibe von Protesten und Übergriffen werden.

3. überfällige Reform des Strafvollzugs. Gesucht wird ein Modell für eine Alternative zum herkömmlichen Strafvollzug, dessen Ergebnisse einfließen können in längst überfällige Reformen des Strafvollzugs einschließlich der zu Grunde liegenden Rechtsprechung. Im Zentrum stehen bei diesem Modell breit gefächerte Arbeits- und Lernmöglichkeiten.

Punkt 1: ein breit angelegtes "Gesamtprojekt" eröffnet wesentlich größere Möglichkeiten als einzelne zu eng angelegte Pilotprojekte und es gibt größere Möglichkeiten einen sicheren Rahmen zu schaffen, in dem die Betroffenen auch an sensible und anspruchsvolle Aufgaben herangeführt werden können. Einschränkungen: für jugendliche Straftäter ist dieses Projekt in meinen Augen weniger geeignet. (Hier bedarf es eigener Einrichtungen, da die „Großen" zu schnell zu Bezugspersonen werden und die jüngeren werden zu schnell zu Zielobjekten von Manipulation etc. bis hin zur sexuellen Ebene. Es gibt aber auch bereits sehr erfolgreiche Projekte für jugendliche Straftäter wie das Seehaus Leonberg in Baden-Württemberg, das ganz hervorragende Arbeit leistet. Es bestehen auch nicht diese großen Zahlen wie im Erwachsenenknast.)

Grundsätzliches: das hier vorgestellte Projekt orientiert sich am Gedanken einer Revitalisierung der menschlichen und sozialen Bindungskräfte von Grund auf. Und einen damit zusammenhängenden Wiederaufbau des Wertegefüges. Es geht davon aus, dass die erste Zeit vor oder nach der Entlassung aus der "Starre" der Gefängnissituation die wertvollste Zeit ist, um neue Impulse zu setzen, auch Impulse anspruchsvollerer Natur. Hier ist ein Zeitfenster offen, das man nicht verstreichen lassen sollte. Hier ist die Bereitschaft am größten Commitments einzugehen und die sind wichtig für später.

Außerdem zielt das Projekt auf einen Sogeffekt, mit der Erwartung, dass das positive Beispiel derjenigen Programmteilnehmer, die sich sehr schnell öffnen und erfolgreich am anspruchsvollen Teil der Programmpalette teilnehmen auch solche Teilnehmer inspirieren und mitnehmen kann, die innerlich zunächst noch unentschlossen sind und denen es schwerer fällt, sich im selben Maß für das Angebot zu öffnen. Außerdem kommt hier noch ein ganz wichtiger Aspekt hinzu: man muss schrittweise mehr und mehr Vertrauen investieren, und man muss dafür einen Rahmen schaffen, der das erlaubt. Das Erfolgsprinzip hier lautet: die Messlatte nicht zu tief ansetzen, wenn man den natürlichen menschlichen Überlebens- und Erneuerungskräften eine Chance geben will.

Das Projekt folgt dem Gedanken des „fordern und fördern": es verlangt viel, aber bietet dafür auch viel. Und noch ein Gedanke: der Deal: die Gesellschaft schenkt ihren Gefangenen einen großzügigen Raum, in dem sie sich bewähren und entfalten können, aber dafür erwartet sie von den Betroffenen ein ebenso großes Geschenk: das Geschenk ihrer Arbeitskraft und ihrer Öffnung. Irgendwo nach den Jahren und Jahrzehnten der Erstarrung muss ein klares Zeichen gesetzt werden, das in tiefere Ebenen hinabreicht! Und das muss zunächst von der Gesellschaft kommen. Ein Zeichen, das sagt, jetzt ist Schluss mit Bestrafung und Sühne. Und dieses Zeichen muss sozusagen in der Nabelschnur ankommen, nicht nur im Kopf. Nur so kann die Gesellschaft erwarten, einen veränderten Menschen vor sich zu haben. Und auf der profanen materiellen Ebene gibt es auch einen Deal: der Betroffene verpflichtet sich eine Anzahl von Jahren unentgeltlich an dem Projekt mitzuarbeiten abgesehen von einem „Taschengeld", das für die unmittelbaren Bedürfnisse ausreicht.

Also konkret: das Projekt genannt DIE INSEL. Die Insel ist im Anfangstadium vorzugsweise eine Gruppe von Bauernhöfen mit Umland - für ein komplettes Gesamtprojekt sollten es mindestens 100 ha + sein, da das Projekt im fortgeschrittenen Stadium eine ganze Reihe von Einrichtungen einschließlich Pflegeheimen beherbergt - ein Teil dieser Fläche wird landwirtschaftlich genutzt, ein anderer ist vorgesehen für eine Parkanlage, deren Anlage und Pflege mit zum Arbeitsprogramm des Projekts gehört. (Es geht darum möglichst vielfältige Arbeits- und Ausbildungsmöglichkeiten anzubieten.) Die Insel bietet erstens einen humanen Heimathafen für sicherheitsverwahrte Personen, zweitens ist es eine der Hauptaufgaben dieser Rettungsinsel, die viel zu hohen Rückfallquoten drastisch zu senken, in diesem Sinne ist sie Resozialisierungsstation für Gefangene vor ihrer endgültigen Freilassung. Und dann stellt sie ein Pilotprojekt dar, mit dem wichtige Erfahrungen und Beobachtungen gesammelt werden können, die als Grundlage für langfristige Reformen des Strafvollzugs vor allem unter dem Aspekt der Resozialisierung dienen.

Dabei spielt der Gedanke des Raumes eine wichtige Rolle. Wenn jemand, der Jahre oder Jahrzehnte in der „Einengung" verbracht hat, die das Gefängnisdasein bedeutet (einschließlich der Enge einer Zelle), nach seiner Haftzeit wieder in den Dschungel der Großstadt entlassen wird, dann wird er sofort wiederum als Ehemaliger sehr viel Einengung erfahren und damit psychologisch zu viel Bedrängung sozusagen. Da ist kein Raum für ein Loslassen, für eine wirkliche Befreiung vom Gefängniskoller und für eine Periode des freien Durchatmens sozusagen. Raum, Bewegungsfreiheit ohne Bedrohung und Reizüberflutung spielt da eine ganz wichtige Rolle.

Also jetzt mal Szenario konkreter: die Insel bietet ein breites Spektrum an Arbeit- und Ausbildungsmöglichkeiten. Aber zunächst mal das Unangenehme: Sicherheit: die Sicherheit nach außen muss notgedrungen extrem hoch sein. (Motto: je sicherer nach außen, desto freizügiger nach innen.) Dafür ist das Gelände mit einem System aus 2 mehrfach elektronisch gesicherten 3m + Zäunen eingezäunt plus 2 Schutzzäune, so dass jede Annäherung an die Zaunanlage bereits Alarm auslöst. Der Zwischenraum zwischen den Hauptzäunen ist komplett mit NATO Drahtrollen ausgelegt und zusätzlich durch Hochspannungsleitungen gesichert. (Zusätzlich könnte die Umgebung um das Gelände als großes Naturreservat gestaltet werden, das extrem schwer zu durchqueren* ist und gleichzeitig Fahrzeuge fernhält *(dichtes Dornengestrüpp plus Sumpfgebiete)). Biometrische Schleusen und sichere Kontrollen sichern den einzigen Fahrzeugzugang.

Trotzdem werden weiterentwickelte elektronische Fußfesseln eingesetzt, die bei Manipulation sofort Alarm geben. Für ein erfolgreiches Projekt muss die extreme Sicherheit einfach sein.

Die Höfe sind Anlaufstellen, wo die Betroffenen die ersten 6-12 Monate verbringen. Sie sind in diesem Stadium „Blaumänner" (Die Betroffenen tragen alle ein Namensschild mit blauem Punkt.) Das Personal der Einrichtung, die „Orangen", tragen alle ein Namensschild mit einem orangen Punkt und es gibt noch ein paar mehr Farben. Die Höfe werden natürlich schnell zu klein für die Anzahl der Bewohner, sie werden deshalb durch entsprechende Neubauten ergänzt zu einem zentralen Dorf.

Eine ganz entscheidende Rolle für das Gelingen des Projekts spielt das tägliche Bewegungs- und Therapieprogramm morgens und abends, das gleichzeitig Disziplin trainiert. Wir haben hier eine größere Anzahl von Männern auf einem „Schiff" und da ist es besonders wichtig, Energien zu bündeln und zu steuern. Es wird sehr früh aufgestanden, es folgen 30 Min. Laufen und Körperübungen im Freien (barfuß im Gras) und abschließend für die Fortgeschrittenen ein Sprung ins kalte Wasser und für die Anfänger ein Ausflug ins Kneippbecken und danach ein Aufwärmprogramm in der Halle (Kasachok und ein paar Lieder z.B.) und danach 30 Min. geleitete Meditation. Und abends 90 Min. Aggressionsabbau: Intensivprogramm Martial Arts. Und Neuankömmlinge nehmen an täglichen Gesprächsrunden teil. Man gibt in dieser Phase viel, aber man verlangt auch viel. Das ist der Deal, das muss sein. Anders ist es nicht möglich, hier jeden zu erreichen und man schleppt dann viel zu viel kriminelles Potenzial wieder weiter. 2 Stunden täglich gehören dem Kampfsport. (Wenn es nach mir ginge, würde das schon in den Gefängnissen praktiziert. Wäre natürlich bei der großen Anzahl von Gefängnissen schwer zu realisieren. Aber es gibt z.B. in Korea interessante Projekte mit Bewegungstraining. Und da gibt es noch die Art of Living Foundation, die unentgeltlich Kurse in Gefängnissen geben.)

Gut, gehen wir weiter: neben dem täglichen Training steht ein breitgefächertes Programm von Arbeiten und Aufgaben im Vordergrund, beginnend natürlich mit der Landwirtschaft. Es ist eine gemischte Landwirtschaft, die hier betrieben wird, mit einem Schwerpunkt auf Gemüseanbau und Tierhaltung, basierend auf ursprünglichen, natürlichen Rassen, die entsprechend robust in der Haltung sind. Nur wenig Ackerbau, deshalb nur wenig Maschinen, die Betonung liegt auf Tiere, Boden, Menschen und wir wollen Aufgabenbereiche für viele Menschen auf begrenzten Flächen und viel Erdung für schwere Gedanken und überlastete Gehirne. Es wird Permakultur und ökologischer Landbau praktiziert, der keiner allzu großen Flächen bedarf, aber dafür viele Lernmöglichkeiten bietet.

Alle Kleintiere einschließlich Schafe und Ziegen tragen deutlich sichtbare Nummern u. U. kombiniert mit einem Farbcode. Das ist vor allem beim Geflügel aus nahe liegenden Gründen wichtig. Angestrebt wird eine möglichst breite Vielfalt an Tieren. Pferde und Ponys gehören auf jeden Fall mit zum Programm, aber durchaus auch ein paar Esel z.B.. Tiere bilden natürliche Blitzableiter sozusagen und sind wichtige Mittler, wenn es darum geht, tiefere Bereiche zugänglich zu machen. (Die kommen dahin, wo die ganzen Gesprächstherapien nicht hinkommen.) Daneben natürlich eine breite Vielfalt von Werkstätten*, wo die älteren die Neuzugänge unterrichten und trainieren, und in regelmäßigen Abständen kommen Profis vorbei und geben Kurse, ergänzt wird dieses Training von Bildschirmkursen und -anleitungen. *(Mit Ausnahme von Autowerkstätten: die Magie der Motoren- und Fahrzeugwelt bleibt mal lieber draußen, das hat einen Sog, der hier nicht gewünscht ist.)

Zum Freiland gehört auch eine kleine überschaubare Obstplantage, Gewächshäuser und im Park befindet sich ein kleiner "See" - besser wären eigentlich zwei, wovon einer als Fischweiher dient und der andere als kleiner Badesee. Angestrebt wird eine möglichst große Vielfalt verschiedenster Arbeits- und Lernmöglichkeiten. Aus diesem Grund sollte auch ein Stück Wald zum Projekt gehören, auch zur Brennholzbeschaffung. Es sollten möglichst wenig Dinge automatisiert sein. Möglichst bei den Wurzeln des Lebens wieder anfangen. Und es soll ein Maximum von Anregung und Stimulus gegeben werden. Es gibt eine Reihe von Ausbildungszielen, die besonders gefördert werden. Dazu gehören z.B. Landschaftsgärtner, alles was mit Holz zu tun hat wie Schreiner etc., Malerberufe, und ein wichtiger Schwerpunkt sind alle Berufe, die mit dem Bau zu tun haben. Dafür steht Arbeit auf diversen Bauvorhaben auf dem Gelände mit entsprechender Anweisung auf dem Programm. Allerdings wird natürlich das Angebot an Bauprojekten auf dem Gelände irgendwann erschöpft sein. Es wäre dann wünschenswert im weiteren Umfeld ein Siedlungsprojekt zu haben, wo verlässliche Probanden unter Anleitung nach und nach eine Siedlung errichten.

Auf dem Gelände selbst werden mindestens 2 Pflegeheime errichtet, wovon Heim A ein Heim für geistig Behinderte ist, Heim B ein Altenheim. Diese Pflegeheime spielen eine wichtige Rolle im Resozialisierungskonzept. Der Lauf der Resozialisierung verläuft nun in der Regel so: Neuzugänge arbeiten die ersten 6-12 Monate überwiegend in der Landwirtschaft und in den Werkstätten und auf dem Bau. Das ist die Zeit, wo der Gefangene die Chance hat, sein größtes Gefängnistrauma zu verlieren und wo er frisches Leben tanken kann. Diejenigen, die sich sehr positiv entwickeln, werden jetzt zum "Grünmann" und beginnen im Umfeld und bei Eignung in der Pflege der geistig Behinderten zu arbeiten.

Das Erlebnis in einem solchen Umfeld zu arbeiten, ist in meinen Augen gerade für Ex Häftlinge wichtig, damit sich das Blickfeld erweitert und sie hautnah erfahren, dass es noch ganz andere Schicksale gibt als das ihre. Es hilft sehr, den Gesichtskreis zu erweitern und außerdem ist es eine wichtige Phase nach einer langen Zeit im Gefängnis, die eigene Menschlichkeit und Fürsorge für andere wieder zu entdecken und zu erfahren. Für diesen Prozess ist es unumgänglich Vertrauen zu investieren, dort wo es eben möglich ist. Die Fürsorge für andere öffnet Zugänge zu sich selbst und hilft beim Aufbau einer neuen Persönlichkeit, die ihrem eigenen Schicksal gegenüber nachsichtiger ist.

Es sind nach einer so langen Phase des Stillstands und der Abstinenz von Menschlichkeit in nicht wenigen der Probanden neue Keime vorhanden, die jetzt das richtige Umfeld brauchen, um zu wachsen. Außerdem kann man natürlich sehr schnell bei jedem einzelnen den Grad der Resozialisierung, der bis dahin erzielt wurde, erkennen und die professionellen Pflegekräfte sind darin geschult, schnell zu erkennen, wo Bedenken bestehen. Wenn diese Phase erfolgreich durchlaufen wurde, können einzelne einen Schritt weitergehen und in der Umgebung des Altenheimes arbeiten und wiederum einzelne in der Pflege der alten Menschen. Hier ist jetzt natürlich Sprache und Kommunikation und Offenheit in hohem Maße verlangt. Das ist dann sozusagen die Oberstufe mit Reifezeugnis. Das Ganze wurde jetzt natürlich dargestellt unter dem Aspekt einer möglichst großen und zielstrebigen Öffnung der menschlichen Bindungsfähigkeit der Probanden.

Das Inselprojekt gibt viel, bedeutet eine echte Chance für einen wirklichen Neuanfang, aber es verlangt auch viel. Aber nur auf diesem Weg kann es sein ganzes Potenzial entfalten. Weitere wichtige Details: Medien: es gibt keine Handys und Smartphones und auch keine eigenen Fernseher und in der blauen Phase auch keine eigenen Computer. (Ein zusätzlicher kleiner Ansporn, es in die nächste Stufe zu schaffen.) Internetanschluss gibt es ohnehin nicht. Es gibt einen Fernsehraum und einen TV im großen Speisesaal und dort können Nachrichten laufen und z.B. Auslandskorrespondentenberichte. Es gibt eine Videogruppe, die wichtige Sendungen aufnimmt und ein eigenes Insel TV aufbaut. Ich halte diese strikte Medienregulierung für eine wichtige Voraussetzung für das Gelingen des Projekts. Die Probanden sollen lernen in ihrer Freizeit kreativ tätig zu sein. Von Anfang an wird deshalb künstlerische Betätigung und künstlerisches Arbeiten gefördert. (In Neuseeland ist es z.B. das Schnitzen von „Bonecarvings", das in großem Stil in den Gefängnissen praktiziert wird.) Ich bin mir sicher, dass es einige Künstler gibt, die bereit sind, unentgeltlich Kurse auf der Insel anzubieten und Projekte mit dem Probanden zusammen zu verwirklichen. Das ist ebenso ein wichtiger Punkt für ein neues Selbstvertrauen und auch ein wichtiger Baustein für eine neue Identität. Nicht zu vergessen eine Theatergruppe aufzubauen und Leute zum Spielen zu bringen.

Es gibt einen Laden im Dorf mit den wichtigsten Gütern und Utensilien, die auf der Insel benötigt werden. Der Einkauf wird nach Möglichkeit von Ehemaligen organisiert und einmal in der Woche findet ein Fest statt mit einem Markt, der ebenso von den Ehemaligen organisiert wird nach Möglichkeit unter Einbeziehung von Marktleuten (Ehemaligen, die das Programm durchlaufen haben und wieder nach draußen dürfen, steht die Möglichkeit offen, weiterhin auf der Insel zu bleiben und es sind diese Ehemaligen (gelber Punkt), die eine entscheidende Rolle spielen, das Leben auf der Insel zu organisieren.) Ein wichtiger Stand auf dem Markt wäre z.B. ein DRK Stand mit Altkleidern. Einmal im Monat an einem Wochenende ist ein offener Tag mit Hoffest mit Spielen, Führungen etc. an dem die Probanden u.a. Gelegenheit haben, ihre Produkte zum Verkauf anzubieten. Allerdings müssen alle Besucher durch die biometrische Kontrolle.

Finanzen und Kosten. Ja, es gibt nichts umsonst. Der Staat muss zunächst tief in die Tasche greifen, um das Projekt auf die Beine zu stellen und es erfordert natürlich vor allem in der Aufbauphase einiges an Personal. Aber je länger das Projekt läuft, desto mehr beginnen bestimmte Bereiche von selbst zu laufen und vor allem sind es irgendwann die Ehemaligen, die dann viele Aufgaben übernehmen können. Angestrebt wird natürlich schon ein hoher Grad der Selbstversorgung mit Lebensmitteln und Heizmaterial, aber in welchem Umfang das möglich wird, hängt von den Voraussetzungen ab. Es gehört zum Programm, dass das Projekt z.B. Reittherapie für Behinderte anbietet, schon alleine weil Interaktionen mit der Welt außerhalb in vielerlei Hinsicht förderlich sind, aber auch als kleine Einnahmequelle. Aber der größte Wert sind die diversen Berufsausbildungen und natürlich die Senkung der Rückfallquoten, die der Gesellschaft große Kosten ersparen.

Ich könnte jetzt noch einiges weitermachen, aber ich mache hier mal einen Punkt. Ja, ich gebe zu es ist ein ehrgeiziges Projekt, aber man kann nicht ernten ohne zu säen. Ohne eine großzügige Vorgabe darf man nicht viel erwarten in retour. Man muss hier irgendwann auch wieder zusammenfügen wollen, was so extrem aus dem Ruder gelaufen ist und man muss in Kauf nehmen, dass vielleicht 10-15 %

nicht geheilt werden wollen, auch wenn dieses Programm die beste Chance für einen wirklichen Neuanfang bedeutet und auch wenn man bereits vorher eine Auswahl trifft und die ganz schweren Fälle aus dem Projekt heraushält. Ich bin jedenfalls überzeugt, dass die allermeisten diesen angebotenen Strohhalm ergreifen werden. Ich bin trotzdem dafür, wenn ein Langzeit Insasse die letzten Jahre seiner Strafzeit auf der Insel verbringen darf, dass er vorher unterschreibt, dass er bei groben Verstößen und bei Fluchtversuchen für die gesamte Zeit seiner Strafe zurück ins Gefängnis geht. Dasselbe gilt für Sicherungsverwahrte. Außerdem wird unterschrieben, dass sie bereit sind für mehrere Jahre für Kost und Logis inklusive Taschengeld zu arbeiten als Teil einer Wiedergutmachung des verursachten Schadens und der verursachten Kosten. Dafür werden die letzten Jahre der Strafe erlassen und sie erhalten einen Platz auf der Insel.

Apropos Strohhalm. Es kann sein, dass viele sagen, ein solches Projekt ist für solche Leute viel zu gut, es belohnt Leute, die ein Verbrechen begangen haben und die sich das alles selbst eingebrockt haben und die eher bestraft werden müssen und nicht zum Schluss noch belohnt. Aber die Gesellschaft muss sich hier entscheiden: will sie Leute, die wieder ins normale Leben und Arbeitsleben zurückkehren oder will sie Leute, die im alten Kreislauf bleiben und immer wieder straffällig werden. Es ist kein Wunder, dass allzu viele wieder rückfällig werden. Sie haben den Kontakt zur Realität draußen verloren. Es ist sehr viel verlangt, nach dieser Zeit des Absitzens von Jahren wieder zurück zu einem mehr oder weniger normalen Leben zu finden. Und die Gesellschaft sollte doch ein großes Interesse daran haben, dass diese Leute die Vergangenheit hinter sich lassen. Mir ging es hier um ein Konzept, das vielleicht in der Lage wäre, diesen gordischen Knoten aufzubrechen. Umsonst ist dieses Projekt allerdings nicht zu haben...

Aber es sollte klar sein, dass sich erhebliches ändern muss. Langfristig müssen wir weg von diesem unproduktiven Abstellen von Menschen. Daraus kann nichts Gutes entstehen. Und eine Sache, die sich im Strafgesetz in meinen Augen ändern muss, ist eine stärkere Einbindung der Schadenersatzgedankens in die Strafprozessordnung. Ich bin natürlich kein Jurist und ich erkenne an, dass das deutsche Rechtssystem eines der besten und unabhängigsten weit und breit ist, aber es kommt immer wieder vor, dass die Rechte der Straftäter mehr Berücksichtigung finden als die Rechte der Opfer. Und es sollte in Strafprozessen mit Personenschaden neben dem Pflichtanwalt für den Straftäter auch einen Pflichtanwalt für das oder die Opfer geben, um hier der Gerechtigkeit eine größere Chance zu geben. Die Opfer sind häufig nicht in der Lage, sich einen Privatanwalt zu nehmen.

Es gibt immer wieder Urteile in denen die Rechte der Straftäter mehr Berücksichtigung finden als die Rechte der Opfer. Zum Beispiel das kürzliche Urteil in Wiesbaden, wo ein türkischstämmiger Täter seine 27-jährige Exfreundin mit einem Vorwand in einen Wald lockte und als sie aus seinem Auto ausstieg, sie mit dem Auto überfahren hat und sie dann noch mehrmals gezielt überrollt hat. Der Richter verurteilte den Mann jedoch nicht wegen Mordes, sondern nur wegen Totschlags zu acht Jahren Gefängnis. Die Mutter der Frau ist fassungslos. Also ich empfinde da auch eine Wut. Und solche Urteile sind keine Einzelfälle. Sie kommen immer wieder vor. Hier bräuchte es wirklich einen Pflichtanwalt, der die Opferseite vertritt. Die Staatsanwaltschaft hat nicht selten ihre eigene Agenda. Also ich habe da kein Verständnis für solche Justiz.

Es gibt jetzt z.B. einen Fall, wo zwei Frauen, die von der Sozialhilfe leben, seit Jahren Wohnungen mieten, die vom Sozialamt bezahlt werden und dort alle Nachbarn verärgern durch nächtelangen Lärm und Klopfen und bis der Vermieter die Frauen durch Gerichtsbeschluss los wird, das kann Jahre dauern und danach bekommen die Vermieter den Schock ihres Lebens: die Wohnung ist völlig verwüstet, die Decken sind heruntergeschlagen, alles ist voller Bauschutt etc.. Dem Sozialamt sind diese zwei Frauen und ihr Treiben bekannt, aber die deutsche Justiz ist zahnlos gegen diese Vandalen. Der Mieterschutz ist zu einseitig. Schadenersatzklagen sind fruchtlos gegen Mieter, die von der Sozialhilfe leben. Meistens müssen die Vermieter mit großen Verlusten diese Wohnungen oder Häuser verkaufen.

Und ich wollte ja noch etwas zum Thema Migranten und Kriminalität sagen. Das Thema besitzt viel politischen Zündstoff und lange hat man die Augen davor verschlossen. So wird in den Kriminalstatistiken jetzt nur noch die Staatsbürgerschaft angegeben, aber nicht mehr ein Migrationshintergrund. Erst in jüngster Zeit scheint sich die Politik an dieses Thema heran zu wagen. „Wer betrügt der fliegt!" ist da zu hören. Ob das mehr sein wird als Augenwischerei bleibt abzuwarten. Die momentane Einwanderungspolitik der EU ist gelinde gesagt chaotisch. Die Länder können sich nicht auf eine klare, entschiedene Politik einigen. Eine der Folgen ist, dass der Flüchtlingsstrom über das Mittelmeer im Moment exponentiell ansteigt. Und leider ist es so, dass zu viele von den Leuten, wenn sie es bis zu uns geschafft haben, dann in Billigstabsteigen landen, wo sie unweigerlich in die Kriminalität abdriften. Sie müssen überleben und zu viele Afrikaner z.B. steigen in den Drogenhandel ein.

Aber die Probleme beginnen schon bei der legalen Einwanderung. In meinen Augen war die Einwanderungspolitik noch nie ein Ruhmesblatt. Einwanderung ist ein gegenseitiger Vertrag zwischen Partnern und sollte grundsätzlich in zwei Schritten und auf Bewährung erfolgen. Und jeder Einwanderer unterschreibt, wenn er durch eigenes Verschulden mit dem Gesetz in Konflikt kommt, verliert er seine Rechte und wird des Landes verwiesen. Und menschlich gesehen wäre ein Sponsorsystem der richtige Weg. Die momentane Unterbringungspolitik für Asylbewerber ist alles andere als ein Ruhmesblatt. Ich kann mir nicht helfen, die Leute lange Zeit abzustellen und zur Untätigkeit zu verdammen, produziert kein gutes Klima und ist nicht hilfreich für den Prozess. Es ist der völlig falsche Start. Auch hier wäre es von großem Wert, Aufbauprojekte zu haben, an denen die Leute von Anfang an mithelfen können und ihre Zeit bis zur Entscheidung über ihren Antrag sinnvoll verbringen können. Und das würde eine positivere Atmosphäre schaffen, die dem ganzen Prozess und auch dem Ruf Deutschlands zugute kommen würde.

Aber inzwischen verursacht die schwer zu kontrollierende Zuwanderung aus den neuen EU-Staaten wesentlich größere Probleme. Der EU-Beitritt Rumäniens und Bulgariens war wohl um einiges verfrüht. Ex-Oberstaatsanwalt Egbert Bülles Köln: „Mit dem EU-Beitritt Bulgariens und Rumäniens hat sich die Situation rapide verschlimmert. Einbrüche und Diebstähle und vor allem der Kabel- und Metallklau haben rasant zugenommen." Aber jetzt ist es zum Jammern zu spät, jetzt müssen die damit verbundenen Probleme konstruktiv angegangen werden. Schnelle Lösungen darf man sich leider hier nicht erwarten. Auf der einen Seite müssen natürlich die Strafverfolgungsbehörden die Mittel in die Hand bekommen, die für eine erfolgreiche Bekämpfung dieser perfekt organisierten Bandenkriminalität erforderlich sind.

Gleichzeitig müssen wir aber jetzt beginnen, neue Wege zu öffnen. Langfristig ist eine der besten Möglichkeiten große Kulturzentren hier in Deutschland zu errichten, von denen eine langfristige Sogwirkung ausgeht. Ob das jetzt gemischte Zentren sind wie z.B. ein Balkanzentrum oder ethnisch getrennte Zentren ist zweitrangig. Die Roma haben z.B. eine alte, tief verwurzelte Musiktradition, auf die man aufbauen kann. Es ist entscheidend, solche Zentren als erste Ansatzpunkte zu schaffen, wenn man nicht unkontrolliert überrollt werden will von einer wachsenden Kriminalität in den Großstädten. Diese Menschen kommen aus einer anderen Kultur mit wesentlich härteren Gesetzen, Gesetzen des nackten Überlebenskampfes auf der untersten Stufe der Existenz.

Auch hier ist die Lage dieser Zentren entscheidend. Sie sollten nicht in den Innenstädten liegen, am besten wäre im Einzugsbereich eines Ballungszentrums. Es muss genügend Raum da sein, um ohne Störung Feste und Festivals zu veranstalten. In diesem Sinne wäre ein „Kulturdorf", das verschiedenen Ethnien zur Verfügung steht, ein idealer Platz. Das ließe sich zu einem breit angelegten Kulturzentrum im Einzugsbereich eines Ballungszentrums ausbauen. Aber die Kulturzentren sind erst der erste Schritt. Als nächstes ist es wichtig, die Verbindungen zu den Heimatländern zu stärken und eine Zusammenarbeit mit den Heimatländern zu erreichen, um überhaupt eine Chance zu haben, langfristig das Kriminalitätsproblem besser in den Griff zu bekommen. Schnelle Lösungen gibt es hier leider nicht, aber man muss irgendwo einen Anfang machen.

Aber das ganz große Problem ist ja heute die bandenmäßig organisierte Kriminalität und dem ist unsere Rechtsprechung in keiner Weise gewachsen. Deutschland zieht heute diese Kräfte magisch an, auch weil sie so leichtes Spiel haben hier: Egbert Bülles „Es gibt Sippen, die gezielt Jugendliche und Heranwachsende bei Wohnungseinbrüchen einsetzen, weil sie um die milde Rechtsprechung durch die Kölner Jugendgerichte wissen. Wenn ein Jugendlicher in Köln 20 oder 30 Wohnungen plündert, bekommt er eine Verwarnung oder allenfalls einen Dauerarrest." Und: „Über derartige Probleme wird in den Medien nicht berichtet. Auch sind Justiz und Polizei gehalten, dieses Phänomen zurückhaltend zu behandeln. Die Gründe liegen in der deutschen NS-Vergangenheit, in der Roma verfolgt und ermordet wurden. Mittlerweile nimmt aber das Problem derart überhand, dass man es auch beim Namen nennen sollte." Ich werde aus diesem Grund das gesamte FOCUS Interview mit Ex-Oberstaatsanwalt Egbert Bülles auf die Website* zum Buch stellen *(www.dieneuefitness.jimdo.com). So und jetzt gehen wir wieder weiter.

6) DIE ZUKUNFT HEIßT SCHWINGUNG.

Was heißt das konkret? Es lässt sich am besten zeigen am Beispiel der modernen Medizin: in ganz kurzen Worten: wir haben heute eine überwiegend materiell basierte Medizin, die den Energiekörper des Menschen völlig außer acht lässt mit dem Ergebnis, dass diese Medizin ausschließlich auf der Symptomebene und damit auf der untersten Ebene der Manifestationskette operiert. Und sie dreht sich hier seit geraumer Zeit im Kreis und die Krankenhäuser sind in mehrfacher Hinsicht Häuser der Krankheit und nicht der Heilung. Eine wirkliche Weiterentwicklung der Heilkunst kann nur nach oben erfolgen in Richtung Energiekörper. Die Heilkunst, die diese Brücke überwindet, heißt Frequenz- oder Schwingungsmedizin*. Ihr gehört die Zukunft. Und mit ihr öffnen sich Türen für neue Formen der Gesundheitspflege und -vorsorge. *(Schwingungsmedizin kommt natürlich in vielen Formen und wird auf vielfältige Weise von Therapeuten praktiziert. Es gibt jedoch auch physikalisch basierte Formen und das ist worüber wir hier zunächst reden.) So und jetzt kommt ein größerer Ausflug in die physikalischen Grundlagen der Wende, die sich heute anbahnt. Wem das zu abstrakt ist, bitte überblättern.

Bis heute war unser technologischer Fortschritt extrem materieorientiert, hat extrem einseitig auf den materiellen Teil im dreidimensionalen Kosmos (Materie, Raum und Zeit) gesetzt. Mehr als uns bewusst ist, haben wir bisher unsere Wunderwerke überwiegend mit den Lego Bausteinen des 19. Jahrhunderts gebaut. Wenn wir von der Doppelnatur Welle und Teilchen ausgehen, sind wir extrem auf der Teilchenseite geblieben. Der Gedanke einer toten, leblosen Materie als Baustein und Objekt unserer Wissenschaft und Technologie hat zu lange unser Denken beherrscht und tut es zum großen Teil noch immer. Den Aspekt Schwingung als ursächlichen Bestandteil aller Erscheinung, auch der materiellen, haben wir mit Ausnahme einiger weniger Randgebiete sträflich vernachlässigt. Es gibt auf dem Gebiet Schwingung und Energie einen sehr großen Nachholbedarf. Hier wartet eine ganze Welt darauf entdeckt zu werden, sobald wir hier unseren Horizont entsprechend geweitet und geöffnet haben. Es wird eine Vielzahl neuer Verfahren im Bereich Gesundheit, Landwirtschaft und Naturpflege, sanfte Technologien usw. geben, die im feinstofflichen Bereich gezielt mit der Schwingung und der Energie von Materie arbeiten.

Während in Wirklichkeit die Physik schon längst weiter ist, ist von deren Erkenntnissen bisher wenig bei uns angekommen. Leider ist Wissenschaft im Dienste des großen Geldes eine wenig erfreuliche Erscheinung unseres angeblich so freien und aufgeklärten Zeitalters. Wiegesagt im finsteren Mittelalter hatte man mehr Sinn für den Kosmos der Energien, der uns umgibt. Man kannte noch nicht die Not, alles mit dem Verstand erklären zu müssen. Man ließ Gott in jedem kleinen Fleckchen seiner Schöpfung nach seinem Gutdünken walten. Natürlich ist heute vieles besser und wir wollen nicht zurück ins Mittelalter, aber warum müssen wir Menschenkinder ständig so weit über das Ziel hinausschießen! Der Weg der Mitte wäre viel weniger anstrengend und aufreibend! Aber vielleicht wäre er auch nicht so spannend und aufregend und Hollywood und Bollywood könnte irgendwann der Stoff ausgehen. Das wäre ja auch traurig. So und jetzt muss ich mal warnen: es wird jetzt richtig wissenschaftlich, aber wir werden es hoffentlich überleben... Notfalls überblättern.

Es folgt hier ein kleiner **AUSFLUG IN DIE METAPHYSIK**, ein Gebiet, das jetzt lange Zeit an den Rand gedrängt war durch unsere klassische Physik, die eine einseitig materielle Physik ist. Nicht die schöngeistige Metaphysik, die heute an den Universitäten gelehrt wird, sondern die, die von den Universitäten verbannt wurde, die sich aber in der hermetischen Tradition gehalten hat. Doch durch die Fortschritte in der Atom- und speziell der Quantenphysik finden ihre Grundlagen langsam ihren Weg zurück in die Bücher. Aber einige Bücher werden in den nächsten Jahrzehnten umgeschrieben oder zumindest erweitert werden müssen, wenn die klassische 3-D-Physik (Materie-Raum-Zeit), die eigentlich noch ein Kind des 19. Jahrhunderts ist, auf eine größere Basis gestellt wird und um eine neue Schwingungsphysik erweitert wird hin zur klassischen Metaphysik*, *(die Metaphysik der Atlanter**: Energie > Schwingung > Kristallisation > Materie). Dabei sind viele dieser Erkenntnisse schon lange im Raum, sind aber nie wirklich aus dem Elfenbeinturm der Wissenschaft heraus ins allgemeine Bewusstsein vorgedrungen, vor allem die Erkenntnis, dass Materie nichts anderes ist als die Kristallisation von Energie.

Nach Max Planck ist Materie das Produkt einer Kraft, „die Teilchen zum Schwingen bringt", mit anderen Worten: **Materie ist das Produkt von Schwingung. Max Planck: „Es gibt keine Materie an sich! Alle Materie entsteht und besteht nur durch eine Kraft, welche die Atomteilchen in Schwingung bringt und sie zum winzigsten Sonnensystem des Atoms zusammenhält. Da es aber im ganzen Weltall weder eine intelligente noch eine ewige Kraft gibt, so müssen wir hinter dieser Kraft einen bewussten, intelligenten Geist annehmen. Dieser Geist ist der Urgrund der Materie! Nicht die sichtbare aber vergängliche Materie ist das Reale, Wahre,**

Wirkliche, sondern der unsichtbare, unsterbliche Geist ist das Wahre!" Einsteins Formel E=mc2 erhält eine neue Bedeutung in der Form m=E/c2. Das ist sozusagen die Grundformel der Schöpfung, der Erschaffung eines materiellen Kosmos durch die Verdichtung von Energie bewirkt durch einen kontinuierlichen Strom einer kosmischen Kraft oder eines kosmischen Geistes.

Wenn es in der Bibel heißt: Am Anfang war das Wort, dann ist dies eigentlich eine extrem einseitige Übersetzung des griechischen Wortes Logos! Das Wort Logos bedeutet viel mehr. Goethe hat sich im Faust mit genau diesem Übersetzungsproblem auseinandergesetzt: „Wort! - Sinn! - Kraft! - Tat!" überlegt Faust. Logos kann auch bedeuten: Sinn im Sinne von Ursinn, Kraft im Sinne von Urkraft, oder Kraft Gottes und eine sehr freie Übersetzung, die aber an dieser Stelle einen tieferen Sinn machen würde als das biblische „Wort": Am Anfang war der Strom des Geistes oder der Strom der Schwingung, besagend, dass Geist und Schwingung am Anfang der Schöpfung stand.

*Ursprüngliche Metaphysik: Meta heißt: nach, hinter, jenseits. Metaphysik bedeutet also zunächst jenseits oder hinter der Physik. Hinter der materiellen Physik liegt eine universale Physik, besser gesagt eine Physik des Universums, eine Physik der Dimensionen. Und das ist genau, was die ursprüngliche Metaphysik ist, eine Physik der Welt außerhalb unseres beschränkten 3-D Rahmens. **Die großen Meister der Metaphysik in der Erdgeschichte waren die Atlanter. Sie verfügten über Technologie, die unserer materiellen 3-D Technologie um ein Vielfaches überlegen war. (Leider gibt es natürlich keine direkten Quellen, aber wir haben heute wieder soviel Wissen, dass wir die Eckpfeiler dieses metaphysischen Wissens wieder kennen.)

Und dann kam Aristoteles im vierten Jahrhundert BC und für ihn war „jenseits der Physik" die Frage nach dem Ursprung, nach dem Sinn des Daseins und nach dem Sein schlechthin. Daraus entstand ein ganzer Zweig der Philosophie, der bis heute als Metaphysik an den Universitäten gelehrt wird. Die ursprüngliche Metaphysik, die „Physik des Jenseits" ist jedoch keine Philosophie, sondern reine und präzise Physik, jedoch auf einer höheren und erweiterten Basis, die erweiterte Physik hinter der materiellen Physik sozusagen. **Der entscheidende Punkt ist der Umgang mit Schwingung und Energie. In der klassischen, materiellen Physik des 19. Jahrhunderts sind Materie, Raum und Zeit Ausgangspunkt der Physik. Energie und Schwingung werden betrachtet als eine messbare Eigenschaft von Materie.** Es gibt noch die Strahlung und die elektromagnetischen Wellen, die messbar sind, aber die haben ihren Ausgangspunkt in Materie, sind also wiederum eine Eigenschaft oder ein Produkt von Materie und der Schwingung von Materie.

In der nichtmateriellen Physik, der „Physik der Götter" sozusagen ist es genau umgekehrt: Hier stehen Schwingung und Energie am Ursprung des materiellen Kosmos. **Mit anderen Worten: das Universum ist ein brodelndes Meer von Energie. Alle Erscheinungen dieses Kosmos sind sozusagen Verdichtungen bzw. Kristallisationen dieser Energie einschließlich der Materie. Materie ist die Kristallisation von Energie und deren Schwingung, ein Vorgang, der jedoch genauen Gesetzen unterliegt. Das ist ganz klare, erweiterte Physik mit exakten Gesetzmäßigkeiten.** Der Schlüssel ist die Urschwingung der Materie, die sog. Materie/Antimaterie Schwingung (eine Zahl mit 22 Nullen habe ich mir sagen lassen). In dieser Metaphysik stellt unsere dreidimensionale Wirklichkeit mit ihrer Urschwingung sozusagen einen ganz bestimmten Radiosender dar. Sobald wir wieder lernen, die Frequenz an diesem Radio zu verstellen, sind wir wieder frei und können via Hyperspace Touren ins Universum oder Zeitreisen in unsere Geschichte unternehmen.

Was ich aber wirklich mit dem Ganzen sagen will - ich wollte jetzt hier keinen Vortrag über Metaphysik veranstalten - dass wir jetzt langsam reif sind, das geistige Erbe des 19. Jahrhunderts hinter uns zu lassen, das uns mit seiner materialistischen Idee über die Natur und seinem Gedanken einer toten Materie so lange gefangen gehalten hat. Im Kleinen hat sich diese Revolution schon lange angebahnt, aber sie ist noch nicht überall angekommen, vor allem nicht in den Medien. Sobald wir lernen mit der feinstofflichen Schwingung der Materie und mit den höheren Frequenzgesetzen zu arbeiten, öffnet sich ein völlig neuer Kosmos von Technologien. Bis wir lernen, größere Luftsprünge damit zu machen und unsere klimaschädlichen Luftflotten durch fortschrittlicheres Gerät zu ersetzen, das wird noch einige Zeit dauern. Aber unsere Straßenfahrzeuge stehen ohnehin schon vor einer kleinen, längst fälligen Umwälzung. Das Ende der guten alten Benzinkutschen steht greifbar um die Ecke. Das hat ja auch viel zu lange gedauert. Damit sind wir fürs erste schon mal beschäftigt.

So, ich hoffe, wir haben unseren kleinen Ausflug in die graue Theorie heil überstanden. Dann machen wir jetzt weiter. Also, wir hatten am Anfang des Buches darüber geredet, dass sich die menschliche Entwicklung nicht linear vollzieht, wie wir das gerne projizieren mit unserer einseitigen Orientierung auf den linearen wissenschaftlichen und technologischen Fortschritt. Die geistige Entwicklung der Gesellschaft hat sich immer in Wellenbewegungen vollzogen oder war immer überlagert von extremen Pendelausschlägen. Und das wird uns auch in der Zukunft noch begleiten und bestimmen, auch wenn wir jetzt an der Schwelle größerer Veränderungen stehen sollten. Lineare Zukunftsprojektionen sind hier völlig überfordert, vor allem wenn sie sich an überkommenen Kriterien orientieren.

Grundsätzliche Entwicklungen: wir hatten über die letzten paar 100 Jahre eine Entwicklung hin zum reinen Vernunftmenschen, der mit dem Werkzeug der rationalen Analyse nicht nur alles in der Welt untersucht hat, sondern sich auch eine eigene Welt geschaffen hat. Diese rationale Welt ist im ersten Anlauf sehr „statisch" geworden. Der nächste Schritt ist, dass sich der Mensch mehr öffnet für die innere Dynamik aller Vorgänge und lernt, selbst nach den Gesetzen dieser Dynamik zu leben. Vor uns liegt ein Pfad heraus aus einer Welt der äußeren Kausalität und des Zufallsprinzips in eine Welt der inneren Zusammenhänge, wir werden erkennen, dass vermeintliche Zufälle keine sind und dass alles was geschieht, eine tiefere Bewandtnis hat. Heute sind da viele Menschen schon sehr viel weiter und haben das schon lange erkannt, aber es ist noch ein großer Weg, es wirklich zu leben und vor allem als menschliche Gemeinschaft zu leben und zu verwirklichen. Wir sind uns oft nicht bewusst, wie tief das mechanistische, kausale Denken noch in uns verwurzelt ist und es bedarf vieler Häutungen, um die Wege freizumachen, heraus aus dem Gefängnis einer rationalen Kausalwelt.

Zusätzlich zur Entwicklung zum reinen Vernunftmenschen hatten wir in den letzten 100 Jahren vor allem in den sogenannten „fortschrittlichen" Zivilisationen auf dem Planeten eine starke Entwicklung hin zur Kleinfamilie, der sog. nuklearen Familie erlebt. Zwischen der modernen Kleinfamilie und den enormen (und immer noch steigenden) Gesundheitsproblemen, die wir heute haben, besteht ein ursächlicher Zusammenhang. Die Gründe dafür sind komplexer Natur, sie lassen sich nicht auf eine einfache Formel bringen. Evolutionsmäßig sind wir Herdentiere, angepasst an ein Leben in der Gemeinschaft. In der dörflichen Gemeinschaft oder noch weiter zurück in der Stammesgemeinschaft wuchs man wie selbstverständlich in seine Identität innerhalb einer großen Gemeinschaft hinein - ebenso mit allen Vor- und Nachteilen. **Aber das ist das Milieu, in dem wir uns evolutionsmäßig entwickelt haben und in das wir unbewusst zurück wollen.**

Wir sind also von Natur aus extreme Nesthäkchen mit einem hohen Bedürfnis an Geborgenheit und Sicherheit**. Fehlen diese, fehlt ein Zustrom an innerer „Nahrung" und Wärme, den wir nie ganz werden ersetzen können. Im positiven Fall ersetzt ein starker Wille die fehlende Nestwärme. (Im negativen wächst der Nährboden für destruktive Kräfte und Gefühle.). **(Wir sollten uns dieses Bedürfnisses und dieses Ursprungs immer bewusst sein). Es fehlt die Geborgenheit und die "Selbstverständlichkeit" der großen Gemeinschaft. Der einzelne muss sich seine Identität viel mehr als früher selbst erkämpfen mit allen Vor- und Nachteilen. Sie wird nicht mehr im selben Maße in die Wiege gelegt. Früh unterdrücken wir unsere Emotionen, viele Kinder haben verlernt zu weinen und ihre Gefühle zu zeigen. Und in gewisser Weise bestrafen wir uns selbst mit unserer extremen Flucht in den rationalen Verstand. Unser Unterbewusstsein ist mit einem dichten Deckel verschlossen. Das Verlangen nach Heilung und Erneuerung auf einer sehr tiefen Ebene wird zunehmen. Viele Menschen suchen heute schon bewusst oder unbewusst nach dieser Erneuerung. Und bevor wir weitergehen, werfen wir jetzt einen kleinen Blick in die Zukunft und dazu schalten wir unseren Zukunftsprojektor ein.

Also Projektor an: Aus diesem Verlangen nach Erneuerung wird es langfristig eine Entwicklung hin zu NEUEN FORMEN DER GEMEINSCHAFTEN geben. Die Menschen werden irgendwann entdecken, dass Gemeinschaften ganz andere Möglichkeiten bieten, das Wissen zu leben, das wir über Gesundheitsvorsorge und Selbstheilung besitzen. Menschen werden sich in Selbstheilungsgruppen und Heilungszirkeln zusammenschließen und sich austauschen und Methoden der Selbstheilung und der Gesundheitsprophylaxe praktizieren, angefangen von Meditation, Yoga, Reiki, Tai Chi, Massagekurse etc. und vor allem die richtige Ernährung. Ihr kommt neben der Schaffung von Ruhepolen die entscheidende Rolle für die Selbstheilung zu. Das schließt vor allem auch Heilfasten mit ein.

Aber dabei bleibt es nicht: Leute werden sich weiterbilden und neue Techniken erlernen wie Alexander Technik, Hellerwork, NLP etc. und sie werden auch selbst Geräte anschaffen, die sich zur Selbstheilung eignen wie die Mikroskope zur Vitalblutdiagnose oder EAV Geräte z.B.. Der große Vorteil der Selbstheilungsgruppen liegt darin, dass Geld und Behörden draußen bleiben. Und so werden auch endlich Heilmethoden zu ihrem Recht kommen, die seit langem unterdrückt worden sind wie z.B. die Rife Frequenzmedizin und der originale Lakhovsky Multiwellen Oszillator (MWO). (Ich habe sie in Kapitel drei (S.28) kurz erwähnt). Sie eignen sich beide hervorragend zur Selbstheilung, sind nebenwirkungsfrei und sind äußerst wirksame um nicht zu sagen revolutionäre Heilmethoden.

(Ich hatte Gelegenheit beide Verfahren am eigenen Körper zu erfahren sowohl die Rife Frequenztherapie als auch den Lakhovsky MWO Multiwellen Oszillator und kann nur bestätigen, dass die Pharmaindustrie nicht zu Unrecht solche Heilmethoden fürchtet. Es handelt sich hier um revolutionäre Heilmethoden, die - richtig angewandt - ein sehr großes Potenzial besitzen, die Behandlung von Krankheiten inklusive Krebs zu revolutionieren und Gesundheitskosten entscheidend zu senken. Beide Verfahren sind reine Schwingungsmedizin, eine Richtung, der in meinen Augen die Zukunft gehört. Sie hat nur einen Nachteil: es lässt sich damit im Gegensatz zur heutigen Schulmedizin kein großes Geld verdienen. Und noch dazu eignen sie sich auch hervorragend zur Selbstheilung und Selbstanwendung. Die Pharmakonzerne wussten g ganz genau, warum sie alle Hebel in Bewegung gesetzt haben, diese Verfahren mit allen Mitteln zu unterdrücken.)

Diese Entwicklung hin zu neuen Gemeinschaften (ohne Guru) wird allerdings nicht zu schnell erfolgen. Zu viele Vorurteile wurden in den letzten Jahrzehnten gezielt gegen Gruppen und Gemeinschaften aufgebaut. Aber es gibt einige sehr erfolgversprechende Modelle auf dem Land wie Lebensgemeinschaft Eichhof z.B. und es gibt kleine Nischen im urbanen Umfeld und so ist heute bereits eine Tendenz erkennbar, neue Wohnformen zu erproben z.B. das Mehrgenerationenhaus etc.. Und es sind nicht so sehr oder nicht nur die jungen Leute, von denen der Impuls für neue Lebensformen ausgeht. Der Impuls kommt aus der Mitte der Gesellschaft, aber es wird in der Zukunft auch in der älteren Generation eine neue starke Kraft heranwachsen, die nach und nach zu mehr Selbstbewusstsein finden wird und die nicht mehr ins Altenteil abgeschoben, sondern die sich ihren Platz als konstruktives Glied der Gesellschaft zurückerobern will.

Diese Mehrgenerationenhäuser sind ein erster kleiner Schritt in eine neue Richtung. Das natürliche Zusammenleben der Generationen ist eines der wichtigsten Elemente im Baukasten unseres evolutionären Erbes. Zusammenfügen, was in unserer Gesellschaft so unnatürlich getrennt worden war. Bei den tiefen Heilungsprozessen, die wir zu bewältigen haben, ist eine stärkere Entwicklung hin zu größeren Gemeinschaften ein ganz natürlicher Prozess. In einer Gruppe, die von einem gemeinsamen Geist getragen wird, bestehen ganz andere Möglichkeiten nach den inneren und äußeren Gesetzmäßigkeiten und Bedürfnissen des Systems Mensch zu leben und auch die allgegenwärtige Dominanz des Geldes in unserem Leben zu verringern.

Im Zentrum stehen tägliche Rituale, bestehend aus meditativer Vertiefung und intensivem Körpertraining, die die Kanäle offen halten und die die Kapazität haben, das System Mensch von innen her zu regenerieren. In einer Lebensgemeinschaft ist es um vieles leichter, tägliche Übungen und Rituale durchzuführen und diese Regelmäßigkeit ist eben ausschlaggebend für den Erfolg.

Ich möchte hier noch eines meiner Lieblingsbilder einführen: wir stellen uns vor, in jeder unserer Körperzellen ist ein kleiner Magnet. Im Idealfall zeigen alle diese Magnete in eine Richtung, sie sind parallel ausgerichtet. Dann sind wir nicht nur zu körperlichen, sondern auch zu geistigen Höchstleistungen fähig und Körper und Geist sind voller Energie und: unsere Selbstheilungskräfte und unser Immunsystem sind in einem optimalen Zustand. Und es ist erstaunlich zu welchen Reparaturleistungen eine intakte Selbstheilung fähig ist. Da wir aber heute in einer Konsumgesellschaft leben und ein bequemes Leben führen, beginnen unsere kleinen Magnete aus der Reihe zu tanzen und geraten in Unordnung und das ist der Beginn eines generellen gesundheitlichen Abstiegs und der Beginn der sog. Zivilisationskrankheiten.

Gut, das ist jetzt auf das extremste vereinfacht, extremer geht es nicht mehr, aber es ist ein gutes Bild. Was ist notwendig, um unsere kleinen Magnete wieder in eine Richtung auszurichten? Wir müssen durch einen „Tunnelakt", einen Akt, in dem wir alle unsere Sinne, alle unsere Kräfte bündeln, um eine Bewährung zu bestehen. In der freien Natur geschieht dies durch den täglichen Überlebenskampf, der den Tieren alles abverlangt. Wir Menschen stellen diese Situation künstlich her, indem wir uns bewusst Extremsituationen aussetzen. Aber es gibt auch die Möglichkeit durch tägliche Rituale und Körperarbeit das Energiesystem lebendig zu halten. Ideal ist die Verbindung von beiden und auch die regelmäßige Fastenkur ist ein wertvoller und wichtiger Beitrag in dieser Richtung. Die Gruppe definiert sich entweder durch die Körper- und die Meditationsarbeit und wird dadurch von einem starken gemeinsamen Geist getragen. Die bisherigen auf einen spirituellen Führer hin orientierten Gemeinschaften sind eher als Vorläufer zu betrachten für eine Entwicklung, die in der Zukunft auf dem Planeten wieder eine größere Rolle spielen wird. Für eine Expansion unseres Bewusstseins wird irgendwann der Raum der Kleinfamilie zu eng.

Von der Kleinfamilie weg wird der nächste Schritt das Entstehen von Heilungszirkeln in den Großstädten sein und das wird irgendwann zu einer neuen Bewegung zurück aufs Land meistens im Einzugsbereich der Ballungszentren führen. Und einige dieser neuen Zentren werden beginnen, Kurse und Fastenkuren, Meditationswochenenden etc. für gestresste Großstädter anzubieten. Im Laufe der Entwicklung werden also einige alte Klosteranlagen wieder mit neuem Leben gefüllt, aber vor allem unrentabel gewordene Krankenhäuser einer völlig neuen Bestimmung zugeführt werden, das ein oder andere sterbende oder schon verlassene Bauerndorf in Europa wird zu einem Zentrum werden usw..

Nicht alle dieser neuen Lebensgemeinschaften werden auf Gesundheit spezialisiert sein. Einige dieser Gemeinschaften werden im sozialen Bereich aktiv sein und Altenheime und Heime für Behinderte betreiben, andere mehr wissenschaftlich tätig sein im Reha- und Gesundheitsbereich inklusive Research und Produktbewertung (etwas was lange überfällig ist, dass hier mehr unabhänge Körper da sind, die sich allen kommerziellen Einflüssen entziehen),. Andere werden z.B. von engagierten Natur- und Tierschützern gebildet, um Öffentlichkeitsarbeit zu koordinieren und Forschungsprogramme durchzuziehen etc. und es wird auch Gemeinschaften geben, die generell wissenschaftlich tätig sind und privaten Forschern und Entwicklern ein fruchtbares Umfeld liefern und sich unter anderem der Zukunftsforschung und -planung widmen. Dabei darf man sich das nicht falsch vorstellen: selbst wenn zunächst nur wenige Prozent der Bevölkerung fest in Gruppen und Gemeinschaften leben und andere nur für Kurse und vielleicht mal ein freiwilliges Jahr kommen, hat das bereits einen erheblichen Einfluss auf die Gesellschaft. Organisatorisch gibt es im Zentrum einer solchen Gemeinschaft einen festen Kern und eine klare Satzung. Diese Satzung ist äußerst wichtig für das Bestehen und auch den Schutz der Gemeinschaft nach außen. Von der Qualität dieser Satzung wird es abhängen, wie das Schiff der Gemeinschaft durch die Untiefen der Jahre gleiten wird.

So und jetzt machen wir auf unserer Reise einen großen Sprung nach vorn - känguruhmäßig - mitten in eine gedachte Zukunft. Grundsätzliches: Es gibt drei Quellen von Heilungsenergie: sie entspringt entweder unseren eigenen, inneren Quellen, die wir seit der Geburt mit uns tragen oder sie entspringt der Mutter Erde mit ihrem Boden und den Heilpflanzen, die darauf gedeihen oder sie entspringt höheren, spirituellen Quellen, die für uns immer zur Verfügung stehen, es liegt an uns, die Kanäle dafür zu öffnen. Das folgende Projekt ist ein großer Sprung in eine gedachte Zukunft. Es will die Tür ein großes Stück öffnen für das Heilen mit höheren Energien. Es ist eine Zielvorgabe: wie weit sind wir auf unserer Reise? Können wir mit unseren heutigen Mitteln einem solchen Ziel näherkommen?

7) CLINIC OF LIGHT.

Zu den Zukunftsprojekten im Bereich Heilung gehört für mich vor allem das Modell für eine „Clinic of Light", „Klinik des Lichts*", eine Klinik, die ein Zukunftsmodell für Energieheilung darstellt. Energieheilung oder Schwingungsheilung gehört die Zukunft. Dieses Modell will Türen öffnen und Schranken beseitigen. Die erste Tür betrifft das Personal. Dort muss die Heilung zuerst ansetzen. In gewissem Sinne muss sozusagen zunächst einmal das Modell Krankenhaus geheilt werden. Es gibt mit Sicherheit Wellness- und Rehakliniken, die bereits einen großen Schritt in dieser Richtung verkörpern, aber diese Modellklinik will diesen Gedanken noch ein großes Stück weiterentwickeln und auf ein ganz eigenes Fundament stellen. Im Mittelpunkt dieses Projekts stehen die Pflegekräfte und der Gedanke, dass es nicht genügt, die Pflegekräfte medizinisch auszubilden, sondern dass man ihnen mehr Fähigkeiten an die Hand geben muss, Fähigkeiten, die sie in die Lage versetzen, mit den Energien, die auf sie einströmen, bewusst umzugehen und zu verhindern, dass die Mechanismen des Betriebs die Oberhand über den eigenen Kräftehaushalt gewinnen.

Dazu muss das zunächst in einem geschützten Raum stattfinden weit weg von den Problemen der gegenwärtigen Krankenhaussituation. Zusätzlich versucht dieses Projekt einen großen Sprung nach vorne. *(„Klinik des Lichts" und „Lichtheilung" sind an dieser Stelle keine fertigen abgeschlossenen Konzepte, sondern es sind Rahmenkonzepte mit einem vorgegebenen Rahmen, deren Details flexibel gehalten werden müssen, um auf dem Weg mit Leben gefüllt zu werden - der Weg ist das Ziel, aber ohne weitreichende Vorgaben sind keine Quantensprünge über den Bodensee möglich sozusagen.)

Der Gedanke hinter der Lichtheilung ist ein sehr weitreichender. Es genügt nicht, ein neues Heilungsverfahren zu den bestehenden hinzuzufügen, sondern es geht darum, den Weg zu ebnen zu einem verloren gegangenen Teil unseres Gedächtnisses: wir alle sind in Wirklichkeit Lichtwesen, nur haben wir uns niederdrücken lassen und haben das Wissen um unsere wirkliche Natur vergessen. Es geht darum, diese Tür wieder ein Stück zu öffnen. Wir sind uns bewusst, dass wir dieses Ziel nicht von heute auf morgen erreichen können, wir sind uns bewusst, dass es einiger sehr großer Schritte bedarf, um uns unserer "Licht-Gene" nach und nach wieder bewusst zu werden und Räume zu schaffen, wo wir dieses Erbgut wieder aus dem Dämmerschlaf erwecken können. Zunächst geht es darum, im Heilungsbereich eine vertikale Kraft zu etablieren, die die Kapazität hat, Menschen aufzurichten und ihnen Zugang zu neuen Energiequellen zu verschaffen. Voraussetzung ist, dass die Pflegekräfte, die in dieser Klinik arbeiten, neben der Arbeit genügend Raum und Zeit für Energiearbeit haben, für Arbeit am eigenen Energiekörper. Und es geht bei dem ganzen Projekt auch darum, auszuloten, wie viel heute bereits wieder möglich ist auf dem Weg zurück zu unserem Ursprung und zu den höheren Quellen unserer Heilkräfte.

Unser Körper ist die Basis unserer physischen Existenz, klar, aber es ist eben nur die Basis. Belebt wird diese Basis vom Geist und von der Energie des Wesens, das in diesem Körper lebt, das diesen Körper als die Basis seiner physikalischen Existenz benutzt. Aber wir sind nicht dieser Körper, wir benutzen und beleben diesen Körper, solange wir hier sind. Die Essenz unseres Lebens spielt sich im Energiekörper ab, hier spielen sich all die wichtigen Prozesse ab, die unser Leben bestimmen. Die spiegeln sich im Körper wieder in vielfacher Form, aber die Quelle für Freuden und Leiden des Körpers liegt im Energiekörper, hier laufen all die Fäden zusammen und hier liegen die wirklichen Quellen, die tieferen Ursachen unserer körperlichen Zustände und unserer Krankheiten. Das Dilemma unserer gegenwärtigen Schulmedizin ist, dass sie sich allein auf diese kleine Basis konzentriert und den gesamten Energiekörper darüber, in dem sich die wirklichen Steuerprozesse abspielen, völlig ignoriert.

Bisher wird die Arbeit am Energiekörper nur von Therapeuten außerhalb der Kliniken bewusst praktiziert. Hier muss ein großer Sprung geschehen. Die Arbeit am Energiekörper wird in dieser Klinik zum Fokus der Arbeit. Das geht aber letztlich nur über die aktive Mitarbeit der Patienten. In der ersten Phase ist diese Klinik Reha Klinik mit dem Schwerpunkt auf Entgiftung und Tiefenentgiftung als Grundlage für die weitere Arbeit. Gleichzeitig beginnt ein Programm einer individuell angepassten Behandlung durch fortschrittliche Methoden der Schwingungsheilung. Und gleichzeitig beginnt schrittweise ein Programm, in dem die Patienten geschult und trainiert werden, wie sie ihren Energiekörper durch tägliche Körperarbeit und -rituale in einem positiven Energiefeld halten können und gleichzeitig die Selbstheilungskräfte von Grund auf erneuern und beleben können. Aber zunächst mal Schritt für Schritt: Alles in dieser Klinik folgt einer klaren Hierarchie, an deren Spitze die Energie und Botschaft des Lichtes steht, die von jedem Menschen, der in dieser Klinik arbeitet, in kleinerem oder größeren Maße verkörpert wird. (Natürlich gibt es den Gedanken der Lichtbotschaft auch in christlichen Schulen. Leider ist jedoch dieser Gedanke in den meisten christlichen Schulen überlagert von dem „dunklen" Gedanken der Erbsünde und der Schuldhaftigkeit des Menschen. Auch den eigenen inneren Zugang zur Quelle des Lichtes gönnt die Kirche ihren Schäfchen nicht.)

In der projektierten Modellklinik, die als wegweisendes Modell gedacht ist, ist ziemlich alles anders, als man es kennt. Es geht u.a.

darum, zu zeigen, dass Dinge machbar sind, die normalerweise als illusorisch abgetan oder als Hirngespinste belächelt werden. Und es geht darum, einen mutigen Schritt in die Zukunft der Energieheilung und des geistigen Heilens zu wagen. In gewissem Sinn schießt „Clinic of Light" im ersten Schritt über das Ziel hinaus, um herauszufinden, was heute schon machbar ist und wie weit wir sind, um im Milieu einer Klinik bewusst mit höheren Energien zu arbeiten. Aber zunächst mal das Fundament: als Rehaklinik bietet die Klinik individuell angepasste Entgiftungskuren mit dem Fokus auf Tiefenentgiftung. Dabei wird der Körper stimuliert, im Gewebe und speziell im Fettgewebe eingebaute Gifte (und damit auch viele alte Programme) loszulassen. Sozusagen in diese frei werdenden Räume werden neue Inhalte und Programme durch die Arbeit der Klinik vermittelt. Unabdingbar sind umfangreiche Aktivitätsprogramme. Nur über vielseitige Aktivitäten ist Heilung und vor allem geistige Heilung möglich.

Hilfreich für eine erfolgreiche Arbeit mit höheren Energien ist eine möglichst hohe Reinheit der Umfeldenergien. Große Aufmerksamkeit wird deshalb der Umfeldgestaltung gewidmet, um möglichst viele störende Energieeinflüsse zu vermeiden und beste Voraussetzungen für ein harmonisches Zusammenspiel aller Elemente zu erreichen. Das reicht von architektonischen Elementen und farbtherapeutisch gestalteten Räumen bis hin zu DC-Licht mit überlagerten Heilungsschwingungen oder "lebendigem Licht"*, unterstützt von Aromatherapie, Musikheilung, Arbeiten mit dem Soundumfeld (sowohl hörbar (Wassergeräusche, Zimmerbrunnen, Aquarium z.B.) als auch lautlos inkl. dem „lautlosen Generalbass" wie ich das nenne). Teile der Klinik werden frei von Elektrosmog gehalten (inklusive Patientenzimmer) und gleichzeitig sorgen Schumannfrequenzgeneratoren für ein positives EM-Umfeld.

Ebenso wird der Atemluft in der Klinik eine besondere Aufmerksamkeit gewidmet. Auch architektonisch betritt man soweit möglich Neuland. Rechteckige Zimmer und rechte Ecken werden vermieden, die Fensterfront ist gerundet und mindestens die Hälfte des

Zimmers ist Wohnbereich mit Sitzgruppe. Die Betten erlauben hohes Aufsetzen, aber die Patienten werden ermutigt tagsüber aufzustehen. Die Farbe der Bettwäsche ist ein weiteres wichtiges Element, das Freudigkeit und Harmonie ausstrahlt. *(Eine Neuentwicklung mit großen Lichtflächen, die die natürlichen Bewegungen und den Wechsel des Tageslichts simulieren.)

Es sind eine ganze Reihe von Bereichen, an denen in der Klinik gearbeitet wird je nach Ausrichtung der Mitarbeiter. Höchsten Stellenwert haben innere und äußere Entgiftung und Reinigung. Der Arbeit mit dem Rückgrat und dem inneren Aufrichten kommt eine wichtige Bedeutung zu, um Energiebahnen zu öffnen. Hinzu kommen Atemtherapie und gezielte Anwendung von Sound- und Lichttherapie, um die Öffnungen nach innen und außen zu weiten. Und nicht zuletzt sind es die Hände, denen hier eine Schlüsselrolle zukommt. Sie werden in vielfältiger Form eingesetzt - mit oder ohne Berührung - um die Energieflüsse zu lenken. Großer Bedeutung kommt auch der „Ursprungsarbeit" zu (das Zurückführen des Patienten zu seinem „Urprint", seiner ursprünglichen Energie und zu seiner Urschwingung). Außerdem werden die Mitarbeiter unterrichtet und trainiert in medialer Arbeit. Aufgabe des ganzheitlichen Heilens ist es auch, den Körper wieder an seine eigenen Heilungskräfte zu erinnern.

Wir haben zuvor geredet von der Entwicklung hin zu neuen Gemeinschaften, die in der ferneren Zukunft eine größere Rolle spielen werden. Die Patenschaft durch eine solche Gemeinschaft könnte in der Zukunft ein Weg sein, eine solche Klinik als Vorzeige- und Versuchsprojekt zu betreiben. Vielleicht wäre es auch möglich, eine Gruppierung fortschrittlich denkender Anthroposophen für ein solches Projekt zu gewinnen. Die Anthroposophie hat ja, was das Arbeiten mit Energie und vor allem spiritueller Energie anbetrifft, sehr viele Dinge bereits verwirklicht und vorweggenommen. In jedem Fall bedarf es einer starken Kerngruppe, die das Projekt energetisch trägt und beflügelt. Viele der freien Mitarbeiter, die hierher kommen, um Kurse zu belegen und ein Praktikum zu absolvieren, arbeiten in der Zeit unentgeltlich. Sie absolvieren ein mehrmonatiges

Praktikum, um das Arbeiten in einem Umfeld hoher Energie zu lernen und zu erfahren. Diese Arbeit erfordert zunächst ein sehr striktes Tagesprogramm, beginnend mit bis zu 2 Stunden gemeinsamen Morgenprogramms wenn möglich bei oder vor Sonnenaufgang, zu dem auch die Frühaufsteher unter den Patienten eingeladen sind.

Das umschließt Tautreten im Gras, "Begrüßung des Lichts" Sonnenaufgangsmeditation mit "Tönen" Erwecken der Stimme, Morgengymnastik, danach gemeinsames Chorsingen als eine Form der Sound Meditation in einem nach besonderen Klangprinzipien gestalteten Andachtsraum mit kurzer anschließender „Wortandacht" (kurze Ansprache) als Focus auf den Tag. (Ansonsten wird das gesprochene Wort im Morgenprogramm nur äußerst sparsam gebraucht, um das rationale Gehirn und die linke Gehirnhälfte aus dieser Arbeit möglichst herauszuhalten.) Dem mehrstimmigen Chor- und „Tonsingen" kommt eine zentrale Bedeutung zu. Diese Art der Stimmarbeit stimuliert wichtige Energiezentren und öffnet Kanäle und man sollte ihr ausreichend Raum und Zeit geben. Danach ist Zeit für persönliche Hygiene und Vorbereitung der Tagesarbeit.

Für den Aspekt der Lichtheilung in dieser Arbeit kommt der Kleidung eine ganz zentrale Rolle zu. Das ist ein Kapitel für sich, nur ganz kurz: das was wir am Körper tragen, hat einen gravierenden Einfluss auf unser Bewusstsein und unser Selbstgefühl. "Lichtkleidung" ist verbunden mit dem Gedanken von Öffnung, von Leichtigkeit, von Einfachheit, von Fließen, von Aufsteigen, nach oben ziehen. Alles Schwere, Laute, Intensive, Bindende, Verschließende, nach unten und außen Gerichtete und alles großflächig Bildliche, Bildhafte ist nicht dienlich. Die Kleidung darf für diese Arbeit einem freien Fluss von Energien in keiner Weise im Wege stehen, sondern soll diesen unterstützen. Zunächst einmal führt natürlich kein Weg vorbei an der Reinheit und Offenheit der Farbe Weiß (natürlich lieben wir unseren starken individuellen Charakter in der Kleidung und unseren türkisfarbenen Pulli, aber sie programmieren, daran klebt ein Programm, vor allem intensive und dichte Farben programmieren. Unser Körper und seine Ausstrahlung inklusive der Haartracht sind unsere wahre Individualität! Alles andere ist Beiwerk, und meistens dient es als Schutzwall gegen die Umwelt.)

Die Energie von Licht und die Energie von Sonnenstrahlung wird im Unterbewusstsein vor allem durch die Farbe weiß und durch helle Töne als Abstufungen von weiß, häufig mit gelb für Licht und ein sparsamer Einsatz von Goldtönen repräsentiert. Zusätzlich dazu ist es hilfreich, die klassischen Energiezentren zu betonen: das ist natürlich einmal der rote Chi Punkt am dritten Auge oder das Energieband in Stirnhöhe mit einem individuellen Energiesymbol am dritten Auge. Und nicht zu vergessen: der Chi oder Solar Plexus Gürtel. In der Antike kann man dieses Kleidungsstück sehr viel finden, was für das Energiebewusstsein der Menschen damals spricht. (Der Chi Gürtel ist ein sehr breiter Gürtel, der locker um die Hüfte hängt mit einem größeren "Schloss" oder Brosche vorne in der Mitte, das oder die leicht nach unten hängt. Die modernen Gürtel trennen und teilen leider mehr als dass sie verbinden oder zentrieren. Der Chi Gürtel unterstützt das Bewusstsein des Körperzentrums und bildet einen Focus auf den Solar Plexus, das wichtigste Energiezentrum des Körpers. Sicher im Zentrum verankert zu sein, ist entscheidend für unseren gesamten Energiehaushalt.) Individuelle Intuition ist gefragt für das Tragen von Kristallen und spirituellen Symbolen am Körper.

Der Tagesablauf in unserer Reha Klinik lässt viele Freiräume. Nach dem Mittagessen sind 2 h Auszeit. Das ist Parkzeit, Zeit für Gespräche, aufarbeiten, aber es gibt auch in der zweiten Stunde ein Angebot für Körpertraining. Der Rehabetrieb mit den Badeprogrammen etc. läuft in der Zeit auf kleinerer Flamme weiter. Bevor ich es vergesse, vor den Mahlzeiten gibt es eine geleitete kurze Meditation. Abends 20:00 Uhr folgt dann ein Unterrichtsprogramm. Die Themen sind breit gefächert: die Grundlagen der Energiearbeit, die Arbeit an den Energiezentren, wie halte ich durch den Tag meine Energie aufrecht, Fachvorträge (Schwingungsheilung, geistiges Heilen, Energieheilung, inneres Aufrichten, Arbeiten mit Lichtenergie, Stimulation des Energieflusses und der eigenen Körperkräfte, verschiedene Frequenztherapien, Kristalltherapie, ganzheitliche Diagnostik, Tiefenentgiftung durch Heil- und Moorbäder, Mora-Therapie, Kneipp etc.). Für Unentwegte steht danach nochmal 30 bis 60 min gemeinsamer Stimmmeditation bzw.

Choralsingen auf dem Programm.

Die Klinik führt auch vergleichende Studien verschiedener ganzheitlicher Diagnose- und Heilverfahren aus, vor allem auch der Heilverfahren, die bisher zu den unterdrückten Heilverfahren gehören wie der Lakhovsky MWO Multiwellen Oszillator oder Rife Frequenztherapie. (Beides sind Verfahren der Frequenz- oder Schwingungstherapie, die in der Zukunft wieder eine wichtige Rolle spielen werden. Das große Problem bei diesen Therapieformen ist, dass die Pharmakonzerne damit kein Geld machen können, was auch ein Grund ist, warum diese Methoden bisher so erbittert bekämpft wurden. In der Zukunft wird es kleine Frequenzsimulatoren geben, die am Körper getragen werden und die den Körper unterstützen und stimulieren, in einem positiven Schwingungsfeld zu bleiben.) Und es wird viele Angebote von verschiedenen Braintunern (Gehirnsstimulatoren) geben, die aussehen wie ein Hörgerät. Eines der langfristigen Ziele dieser Klinik wäre eine finanziell und politisch unabhängige Instanz zu etablieren, die in der Lage wäre, ein System in den Dschungel alternativer Heilverfahren zu bringen.

Ganz wichtig für diese Klinik ist die Bildung einer Familie aus Patienten, Ärzten und Pflegern durch vielfältige Interaktionen und kulturelle Programme. Angeboten werden vor allem vielfältige Aktivprogramme. Neben den Bewegungsprogrammen werden die Patienten angeregt, sich künstlerisch zu betätigen: kleine Skulpturen, Drahtgebilde aus farbigen Draht, Zeichnungen, Malereien, Collagen, Gedichte etc.. Heilung ist auch aktiv den Weg zu sich selbst zu finden. Sobald sich die Klinik als Rehaklinik fest etabliert hat und genügend Erfahrung mit Energieheilung mit Reha Patienten gewonnen wurde, werden vereinzelt auch Patienten mit chronischen Langzeiterkrankungen aufgenommen. Später soll die Klinik einem größeren Kreis von Patienten offenstehen und auch eine zunächst kleine Krebsabteilung erhalten, in der neue, fortschrittliche Therapien zur Anwendung kommen. Wenn das erfolgreich ist, kann aus solchen Abteilungen eine eigene Klinik hervorgehen - naja, Wunschträume...

Eine der Langzeitaufgaben der Klinik liegt auch darin eine gesunde Symbiose aus den verschiedenen Elementen eines harmonischen Umfelds zu erarbeiten, in dem sich diese Elemente natürlich zusammenfügen und nicht einzelne Elemente zu stark hervortreten und beginnen Plätze im Bewusstseinsbereich zu dominieren. Die einzelnen Elemente sollen nicht zu stark hervortreten, sondern sich wie selbstverständlich zu einer Ganzheit fügen. Hier soll Raum frei gemacht werden für die Arbeit mit höherer Energie, die den Menschen als Träger und Übermittler spiritueller Energien zum Mittelpunkt hat. Ob wir uns dessen bewusst sind oder nicht, wir arbeiten ständig in kleinerem oder größerem Maße mit höheren Energien. Und grundsätzlich besitzen wir alle von Geburt an mediale Fähigkeiten. Das ist unser Geburtsrecht sozusagen. Ob wir daraus etwas machen, hängt von uns ab und dem Pfad, den wir gehen. Voraussetzung ist vor allem die Arbeit am Zentrum. Wir müssen in unserem Zentrum ruhen, damit sich die Kanäle öffnen können, die uns mit höheren Energien verbinden.

Wie gesagt ganz oben in der Hierarchie steht Energieheilung (wobei der Energie des Lichtes eine Leitfunktion zukommt als höchste Form der Energie), gefolgt von medialem Heilen und geistiger Heilung in vielfältiger Form. (Geistig haben wir leider immer noch ein „Antiprogramm", wir erziehen generell Patienten und speziell ältere Menschen zur Unselbstständigkeit und „Hilflosigkeit".) Viele der Kurse im Abendprogramm stehen auch Außenstehenden offen und es werden Symposien abgehalten und sobald die Klinik fest etabliert ist, erfolgt eine Weichenstellung mit der Option, eine Wochenend- bzw. Abendschule für Energieheilung und ausgesuchte ganzheitliche Heilmethoden zu etablieren.

„Clinic of Light" ist ein Zukunftsprojekt im Projektionsstadium, eine Zielvorgabe, deren Zeitpunkt noch nicht gekommen ist. Da darf noch einiges Wasser die Donau hinunter und den Rhein hinauffließen. Ansonsten hoffe ich, ich habe Ihre Geduld mit meinem Heißluftballon hier nicht zu sehr strapaziert... Dafür kehren wir jetzt auf unserer Reise wieder schön brav auf den Boden zurück.

8) DIE VIERTE HAUT.

Sehr sträflich ist sie behandelt worden, unsere vierte Haut. Wildwuchs allerorten, die Krebsvorsorge hat gar nicht oder zu spät Alarm geschlagen. Zu viele Köche, zu viele Interessen haben ihre Spuren hinterlassen. Sie ist das Spiegelbild geworden unserer schnellebigen, von finanziellen Interessen diktierten Gesellschaft. Aber es ist nie zu spät sich Gedanken zu machen auf der Suche nach einer humanen, menschengerechten vierten Haut. Viel Aufmerksamkeit verwenden wir auf unsere Kleidung, Heerscharen von Mannequins wandern über die Laufstege und auch unsere vier Wände planen und gestalten wir sorgfältig, aber unsere Städte, die vierte unserer Hüllen? Wie sorgfältig planen wir unsere Städte?

Wir planen Bauwerke, aber wenn es heutzutage eine Kraft gibt, die Stadtteile oder ganze Straßenfluchten plant, dann ist es nicht mehr die Eingebung oder die Vision eines Fürsten, sondern da muss schon etwas ganz ungewöhnliches ins Haus stehen wie z.B. Olympische Spiele. Dann ist ganz erstaunliches möglich. Ansonsten haben wir heute ein eher trauriges Bild. Im Städtebau spiegelt sich der innere Zustand und die Signatur einer Gesellschaft wieder. Und es ist klar, eine Gesellschaft, in der Zeit Geld ist und in der das Geld das wirtschaftliche Geschehen bestimmt, da fehlt der Atem für großräumige Planung. Man kann darüber streiten, wo mehr an wertvoller Bausubstanz zerstört wurde, in den Bombennächten des Weltkriegs oder später durch die Bagger. Aber auch heute lange nach der großen Wiederaufbauzeit kommt es immer wieder zu unnötigen Bausünden. Zu häufig verweigern wir wertvoller historischer Bausubstanz einen Ensembleschutz. Und so verkommen viele Städte im Laufe der Zeit zu einem Flickenteppich der Baustile.

Es tut weh, wenn seelenlose Klötze neben historische Bausubstanz gepflanzt werden. Allzu häufig diktiert das Geld, was gebaut wird. Und es gibt einen Wettstreit zwischen den Architekten, eine Art Jagd nach Innovation um jeden Preis. Man will auffallen und jeder versucht, eigene Akzente zu setzen, und manchmal versucht man sich gegenseitig zu übertrumpfen mit neuen Stilelementen. Das wäre auch gut, wenn großräumig geplant werden könnte, wenn da räumlich Luft wäre. Die weitausgreifende Formensprache vieler moderner Architekturschöpfungen verlangt nach Raum, viel Raum. Dort wo dieser Raum nicht gegeben ist, muss sich die Architektur an das gegebene anfügen, anpassen, anstatt fremde Akzente zu setzen. Vielleicht bin ich altmodisch, aber das ist meine Meinung. Für mich ist die Stadt Würzburg so ein Beispiel der vielen Bausünden wie z.B. das Museum am Dom, das am Dom klebt wie ein frisch gelandetes Raumschiff, ein Fremdkörper, der da nicht hingehört. Würzburg ist eine Vorzeigestadt dafür, was man städtebaulich falsch machen kann.

Gut, ich sollte nicht zu negativ sein, es gibt auch nach dem Krieg eine große Vielzahl sehr schöner deutscher Städte und es wurde überragende Arbeit geleistet, um historische Bausubstanz wieder herzustellen, aber ich rede von der modernen Architektur, die eingepfercht ist in der Raumnot moderner Großstädte. Darf ich ein bisschen ketzerisch sein? Es gibt Gesetze, die tief verankert sind im Unterbewusstsein des Menschen. Das innere Auge lässt sich nicht bestechen und nicht kaufen. Und: Gebäude haben eine Seele. Bei einem alten Bauernhof aus Holz ist diese Seele für die meisten Menschen spürbar, aber im selben Atemzug haben auch Plattenbauten einen Geist, der sich langfristig ganz erheblich auf die Menschen auswirkt, die dort wohnen, und vor allem natürlich auf die Generation, die in diesem Milieu heranwächst. Und Gebäude haben eben nicht nur eine Seele, sondern sie haben auch ein Antlitz und sie haben eine Sprache, sie sprechen mit uns, wenn wir dran vorbei gehen, genau genommen sie kommunizieren mit unserem Unterbewusstsein. Und das hängt damit zusammen, wie unser Unterbewusstsein funktioniert. Gebäude schauen uns an. Und noch dazu sind sie sehr viel größer als wir.

Es macht einen großen Unterschied, ob uns ein Haus aus leeren, gestanzten Höhlen anblickt oder ob es uns zuwinkt und uns einladende Signale sendet. Z.B. kann es nur dann einladend wirken, wenn es keine Dominanz und keine Härte ausstrahlt. Abwechslung,

Lebendigkeit, fein gegliederte Elemente - die Fenster sind natürlich die Schlüssel, sie blicken uns an, sie sind die Augen. Kalte, nackte, ausgestanzte Fensterhöhlen befremden, sie bewirken, dass sich ganze Bereiche in uns noch mehr verschließen, als es heute häufig ohnehin schon der Fall ist. Fortschritt hin oder her, wir können heute noch so sehr von oben herab zurückblicken auf alte Zeiten und ihre undemokratischen Machtstrukturen, aber ohne die Hinterlassenschaften dieser Epochen würden wir in einer um vieles ärmeren Welt leben und 80 % der Touristen würden sich lieber andere Ziele suchen in Gegenden, die noch ursprünglich und authentisch sind und die noch keinen ungehemmten Wirtschaftsboom erlebt haben.

Das Auge braucht Abwechslung, Vielfalt und Lebendigkeit, um den Menschen zu öffnen und aufzuhellen. Und die richtige Farbigkeit und Gestaltung kann den Menschen heiter stimmen. (Zu Zeiten des Kommunismus gab es in Osteuropa Städte, die allein durch die Abwesenheit von Farbe äußerst bedrückend und deprimierend auf die Menschen wirkten.) Diese Städte wirkten gespenstisch und man konnte die Wirkung auf die Bewohner deutlich sehen. (Damit zusammen hängen auch Gefühle der Wärme oder der Kälte.) Ich erinnere mich an eine Reise nach Rumänien in den siebziger Jahren und für mich waren die Menschen in Bukarest ein schwerer Schock. Diese Blicke, dieses Starren aus hohlen Augenhöhlen werde ich nie vergessen... Das lag natürlich damals an vielen anderen Faktoren, aber die Trostlosigkeit dieser grauen Architektur ohne einen Ton Farbe und Lebendigkeit lastete zusätzlich schwer auf den ausgemergelten gequälten Menschen.

Auch wenn wir heute die Augen davor verschließen und in der modernen Architektur immer wieder versuchen, diese innere Stimme mit viel äußerem Schein und Glanz zu übertönen, langfristig holt uns die ganze Realität der vernachlässigten Seelenqualität unserer vierten Hülle wieder ein. Es gibt eine Art Dämonie des Betons, die auf einer sehr tiefen, verborgenen Ebene bedrohlich wirkt. Es geht tief, es ist die unterbewusste Angst nur noch eine Nummer zu sein in einer großen, erstarrten Maschinerie. Und wenn die Jugendlichen dann mit Gewalt reagieren und aufbegehren, ist die Saat aufgegangen und wir ernten die Früchte dessen, was wir gesät haben.

Ich behaupte, dass ein Teil der heutigen Jugendprobleme in den Großstädten unter anderem auch mit der seelenlosen Architektur dieser Ballungszentren zu tun hat.

Es sind vor allem heute die Trabantenstädte, die in den großen Zeiten des Wirtschaftswachstums und der Landflucht an den Stadträndern wie Pilze aus dem Boden geschossen sind und die allzu oft zu gesichts- und seelenlosen Wohnfabriken herangewachsen sind, in denen die größten Jugendprobleme existieren. Vergleichsweise schneiden Städte, die ein Gesicht und eine Geschichte haben, deren Bewohner stolz auf ihre Stadt sind und wo es eine lebendige Gemeinschaft und ein lebendiges Sozialleben gibt (z.B. Festspiele etc.), erheblich besser ab in Sachen Jugendprobleme und Jugendkriminalität. Natürlich ist das nicht der einzige Faktor, aber es ist ein Faktor, der sehr tief im Unterbewusstsein verankert ist. Heimat zu sein, den Menschen ein Zuhause zu geben, mit dem sie sich identifizieren können, ist eine ganz wichtige Aufgabe dieser vierten Haut.

Vor allem ist die vierte Haut zuständig für alles, was mit Gemeinschaft zu tun hat. Die Stadt verleiht das Gefühl der Zusammengehörigkeit, der Gemeinschaft, gibt dem Bürger einen wesentlichen Teil seiner Identität. Und es ist einfach so, die Seele einer Stadt mit seiner Geschichte lebt mit seiner historischen Bausubstanz. Ich behaupte z.B., dass große Städte ohne entsprechende Anteile an historischer Bausubstanz häufig dazu tendieren, hektischer zu sein. Der Seele und dem inneren Auge fehlen die Ruhepunkte, wo sie sich ein wenig erholen können von der ständigen Reizüberflutung. Wir leben heute im Informationszeitalter und wir erforschen jeden Halm, der auf dieser Erde wächst. Aber hier sind Gebiete, da sind erstaunliche Lücken im Bewusstsein der Gesellschaft. Und auch fühlt sich hier niemand zuständig unter unseren Forschern. Die Gewaltprobleme der Jugendlichen in den westlichen Industrienationen sind Alarmzeichen genug, dass hier vieles im Argen liegt, nicht nur mit der Jugenderziehung, sondern letztlich auch in der Gesellschaft.

Es gibt eherne Gesetze, deren Verletzung sich für jede Gesellschaft rächt. Z.B. die Sprache des Unterbewusstseins ist viel einfacher und hat keinen intellektuellen Überbau und es gibt da Gesetze und eine Symbolik, die sind universell und für alle Menschen gleich. Dazu gehören eben die Gesetze der bildlichen Ästhetik genauso wie z.B. die Gesetze der Musik inklusive der Gesetze des Rhythmus. Wie heißt das immer: gehe ich richtig in der Annahme, dass die Gesetze des Rhythmus nicht zum Curriculum des Architekturstudiums gehören. Und dabei würden neben den Gesetzen der Harmonie nicht zuletzt die Gesetze des Rhythmus zur höheren Weihe einer nach humanen Gesichtspunkten gestalteten Architektur gehören. Die Baumeister früherer Generationen haben diese Gesetze sehr wohl gekannt und angewendet. Vieles erklärt sich heute aus dem Funktionalismus in der modernen Architektur und es gibt da ein Art Diktat des Funktionalismus.

Manchmal frage ich mich, ob es hier ein spezielles deutsches Problem* gibt mit „Kollisionsarchitektur", so will ich es einmal nennen, wenn futuristische Raumschiffe direkt neben historischen Gebäuden zum Stehen kommen. *(Wir Deutsche haben eine Tendenz alles vom Verstand her zu lösen und dabei Gefühle zu unterdrücken.) Im emotionelleren Südeuropa wird man das kaum in derselben Weise finden. Aber auch wenn ich mir z.B. anschaue, wie originalgetreu man in Polen die Altstadt von Danzig wiederaufgebaut hat, und da wo man moderne Gebäude eingefügt hat, hat man das sehr behutsam getan ohne die Integrität der Häuserzeilen zu verletzen. Ich war leider noch nicht dort, aber die Aufnahmen haben mich sehr beeindruckt. Ich fürchte, da gibt es einige deutsche Städte, wo man sich eine Scheibe abschneiden könnte. Dazu gehört einfach eine bestimmte Demut vor dem Erbe, das unseren Händen anvertraut wurde. (Aber Demut gehörte wohl noch nie zu den größten Stärken der Deutschen.) In jedem Fall finde ich diese vorbildliche Restaurierung der alten Hansestadt Danzig doppelt bemerkenswert.

Und jetzt gehen wir mal weiter und stellen die große Frage: wie steht es denn mit der Beweglichkeit dieser Gesellschaft? Mein Thema: die autofreie Stadt. Das Verlangen der Menschen nach autofreien Räumen, nach autofreien Sonntagen, autofreien Einkaufszonen,

Vorstädten ist schon seit langem sehr groß. Ich erinnere mich an die erste Ölkrise 1973, als es ein paar autofreie Sonntage gab, Willy Brandt war Kanzler. Wenn ich mich recht erinnere, war nur der erste autofreie Sonntag wirklich autofrei. Keine Autos außer den Notdiensten und Polizei. Es war ein ungeheuer befreiendes Erlebnis. Die Menschen öffneten sich in einem lange nicht mehr gekannten Maße. Die Straße wurde plötzlich wieder das Zentrum des Miteinander und Füreinander, so wie es bei uns nach dem Krieg noch war, als es noch wenige Autos gegeben hat (Bei uns in der ländlichen Kleinstadt war das jedenfalls ganz stark so).

Es war, als ob ein lang unterdrücktes Herz plötzlich wieder aufatmen, frei atmen könnte. Man konnte sich wieder völlig ungezwungen auf der Straße bewegen. Und jeder kam heraus. Und man redete mit Leuten, mit denen man schon lange nicht mehr geredet hatte. Irgendwie war da für einen kurzen Moment ein Gefühl der Befreiung, die Freiheit des sich Bewegens. Die Geräuschkulisse war völlig verändert, die Straßen und Plätze waren voller Stimmen, Lachen, Rufen. Irgendwie war da ein anderer Hall in den Straßen. Manche haben Tische und Stühle auf die Straße geholt. Ich war gerade in der heimatlichen Kleinstadt und es war auch noch ein schöner Tag.

Und was geschah? Anstatt dem Bürger diese kleine Verschnaufpause, dieses kurze Befreiungserlebnis vom modernen Maschinentakt hin und wieder zu gönnen, zeigte die Politik sehr schnell ihr wahres Gesicht. Sie zeigte, wie sehr sie die Menschen und ihren Lebensraum gängelt und kontrolliert, so sehr, dass sie glaubt, ihren sog. mündigen Bürgern dieses kleine sonntägliche Geschenk an Menschlichkeit und menschlicher Nähe vorenthalten zu müssen. Und warum? Weil es sein könnte, dass die Menschen plötzlich Geschmack an dieser Nähe und Intimität der Begegnung finden könnten und plötzlich entdecken könnten, wie viel Menschlichkeit und soziale Qualität ihr neues Spielzeug von ihnen weggenommen hat. Für mich war es so, irgendjemand da hoch oben zeigte sein wahres Gesicht. Ich konnte mir da nicht helfen.

Der langen Rede kurzer Sinn, unsere politischen Macher waren also nicht faul und ersannen einen weiteren ihrer vielen faulen politischen Kompromisse, einen cleveren Notanker, der ihre Bürgerschäfchen wieder ins Trockene brachte und sie waren ausnahmsweise ungewöhnlich schnell damit: der nächste oder übernächste autofreie Sonntag war nur noch ein halber autofreier Sonntag. Es durfte die Hälfte der Autos fahren und zwar einmal die geraden Nummern und das nächste Mal die ungeraden Nummern. **Welch ein dummer, fauler Kompromiss!! Nur um zu verhindern, dass die Bürger im Wirtschaftswunderland auf den falschen Geschmack kommen und entdecken, dass ihnen etwas fehlt, dass ihnen etwas abhandengekommen ist, dass es da nämlich noch andere Dinge geben könnte, für die man auf der Welt ist, als da sind Job und Urlaub und Rente und Abkratzen (sorry)!**

Sie könnten entdecken, dass es da noch so Dinge gibt wie eine Gemeinschaft und Leben in der Gemeinschaft, Dinge, denen eigentlich ein großer Teil unseres Lebens gewidmet sein sollte trotz allem Fortschritt an Technologie. Was wäre denn so schlimm gewesen, wenn man den Bürgern gelegentlich diese kleine Verschnaufpause gewährt hätte? Nein, das durfte nicht sein in der sogenannten freiheitlichen Demokratie hier im Westen. Ich fürchte, dass die Bürger im Mittelalter sich das nicht so einfach hätten gefallen lassen, vor allem nicht die stolzen Bürger der freien Reichsstädte. Für mich ist es ein trauriges Armutszeugnis unserer Zivilisation und ein Zeichen, dass es mit der Freiheit in dieser Gesellschaft nicht so weit her ist, wie die großen Strategen uns einreden möchten. Nein, ich brauch kein Verschwörungsspezialist zu sein, um zu sehen, dass hier eine steuernde Hand am Werk ist, die determiniert ist, ihre Schäfchen auf einem genau vorbestimmten Kurs zu halten. - Bitte entschuldigen Sie meine Polemik hier, aber das trifft bei mir auf einen äußerst empfindlichen Punkt.

Für mich war das in meinen jüngeren Jahren (ich war gerade 26) ein einschneidendes Erlebnis, das mich äußerst skeptisch diesem Staat gegenüber gemacht hat. (Genau genommen war es das zweite einschneidende Erlebnis dieser Art: das erste war 10 Jahre früher:

die Fernwasserversorgung Bayerischer Wald, der Bau einer 1m dicken und heute insgesamt 850 km langen Wasserpipeline von der Donauebene hinauf in die Täler des wasserreichen Bayerwalds, in meinen Augen damals wie heute ein völlig unsinniges Projekt, das mit hohem Energieeinsatz aufbereitetes Donau Brackwasser 500 m + nach oben pumpt um das viel hochwertigere Bayerwald Quellwasser zu ersetzen.) Ein Projekt, das damals mit äußerst fragwürdigen Methoden durchgepeitscht wurde (die Gemeinden wurden gezwungen sich anzuschließen), was bei mir damals lange vor der Fluor Diskussion den Verdacht aufkeimen ließ, dass diesem Wasser irgendwas zugefügt wird, um überspitzt ausgedrückt die notorisch widerspenstigen Bayerwäldler auf Dauer der modernen Massengesellschaft besser anzupassen. Anders machte dieses kosten- und energieaufwendige Projekt für mich damals keinen Sinn.

Ganz hat mich aber seither der Gedanke an das Erlebnis dieses autofreien Tages nicht mehr losgelassen und so hat das Konzept der menschlichen Lebensräume im allgemeinen und der autofreien Räume im besonderen für mich schon immer einen hohen Stellenwert und ich finde es ehrlich gesagt traurig wie unbeweglich sich die Politik hier in diesem Lande bei diesem Thema über die Jahrzehnte gezeigt hat, im Vergleich zu dem, wie viel darüber geredet und diskutiert wird. Ich finde das ein Armutszeugnis für eine hochentwickelte Gesellschaft. So gehören zu meiner Sammlung von Zukunftsprojekten natürlich auch Projekte für autofreie Städte und Verkehrssysteme. Zu häufig überlassen wir die Planung unserer Lebensräume den Fachleuten und Technokraten, die ihre Gedanken von Funktionalität und manchmal Exzentrik zum Maß aller Dinge machen und damit auch zum Maß unserer Lebensräume. Das große Ganze sehen, die Stadt als einen großen Körper sehen, diese Kunst scheint heute völlig ins Hintertreffen geraten zu sein.

Ja, es gab ein paar herausragende Künstler wie Antonio Gaudi in Spanien, die Jugendstilarchitekten Ede Magyar in Ungarn und Victor Horta in Belgien z.B. und natürlich der Österreicher Hundertwasser, die auf ihre Weise versucht haben, Architektur aus den Armen des Funktionalismus und des Rationalismus zu befreien und künstlerische Gedanken und Elemente zu benutzen, um die Architektur der Natur und damit dem Menschen wieder näher zu bringen und nicht einfach beziehungslose Alibikunst in Form einer Skulptur als Aushängeschild außen vor zu stellen. Aber allein, wenn man z.B. nach Griechenland geht, dort kann man Dörfer finden, die sind ein Paradebeispiel für eine lebendige und kreative Architektur, die das Beste aus den vorhandenen Materialien herausholt. Und beim Bau des Olympiazentrums für die Olympiade 1972 in München wurde allein mit der Farbgestaltung ein starkes menschliches Signal gesetzt. Die Wirkung auf die Menschen war damals erstaunlich. Die Idee war gewesen, einen Rahmen für heitere, freundliche Spiele zu schaffen. **Also: wenn man will geht es! Wenn von Anfang an die richtigen Zielpunkte gesetzt werden, kommen auch die richtigen Leute mit den richtigen Ideen! Erstaunlich!**

Aber ich will nicht nur jammern, was können wir tun? Das Medikament ist Leben und Farbe, Farbe und Leben in die Vorstädte und in die Problemzonen bringen. Die Vorstädte zu kinder- und jugendfreundlichen Plätzen des Lebens zu machen. Gut, und so lange die Mittel der Stadt nicht ausreichend sind, springt die Initiative der Bürger ein, um auf dem Stadtviertel viele farbenfrohe Plätze und Treffpunkte zu schaffen, die zum Mittelpunkt eines vielfältigen Stadtlebens werden. Es geschieht auch an vielen Plätzen und vor allem ist es dabei wichtig, nicht nur in der Innenstadt, sondern auch in den Vorstädten autofreie Räume zu schaffen, die zum Mittelpunkt des sozialen Lebens werden können. Denn wofür sind wir hier, wenn nicht für wirkliches Leben.

Warum nicht einmal das Ziel setzen, eine heitere, freundliche Stadt als dauerhaften Lebensraum zu schaffen. Und darunter auch eine autofreie Stadt als wegweisendes Zukunftsprojekt! Wir müssen nicht unbedingt ein paar 100 Jahre zurückgehen und uns ein verlassenes Dorf in Südeuropa suchen, um verloren gegangene Menschlichkeit und Nähe zu finden. Ich würde für eine wegweisende Projektstadt neben heiter und freundlich gerne noch die drei Wörter

Kreativität, Kunst und Klang hinzufügen (sowohl der innere Klang der Stadt, das „Sound Environment*" und die Stimmung eines Platzes, sozusagen der Grundakkord, den er in uns anschlägt.) *(spielt im Unterbewusstsein eine wichtige Rolle - die Höhe, der Abstand der Häuser, alles spielt mit und erzeugt einen Resonanzraum und ein „Sound Environment" - ein normalerweise völlig vernachlässigter Aspekt. Das Gefühl der Trostlosigkeit typisch amerikanischer Kleinstädte z.B. hat auch sehr viel mit diesen unterbewussten Faktoren zu tun.)

Und jetzt kommen wir zu meinem derzeitigen Lieblingsprojekt. Es gab über die letzten 150 Jahre eine Entwicklung zu immer größeren Ballungszentren und Großstädten und zur selben Zeit eine allmähliche „Ausdünnung" des ländlichen Raums. Dieses Projekt will einen Weg aufzeigen, wieder neues Leben und Energie in den ländlichen Raum zu bekommen. Dies wäre EIN Weg, es gibt sicher noch viele andere. Aber grundsätzlich gilt, man muss schon deutliche Zeichen setzen, um eine Umkehr des generellen Trends zu erreichen. Aber langfristig wird sich diese Entwicklung wieder umkehren. Aber es kann natürlich noch eine Zeit dauern, bis die natürliche Umkehr wieder einsetzt. Aber die Großstädte sind heute schon nahe an ihrem Zenit, auch wenn es im Moment noch anders aussehen mag.

Der Siegeszug des Internets ist heute erst am Anfang seiner Entwicklung und mit wachsender digitaler Vernetzung werden völlig neue Wohn- und Arbeitsmodelle entstehen, die eine neue Freiheit in der Wahl des Wohn- und Aufenthaltsorts mit sich bringen werden und die den Raum frei machen werden für völlig neue Entwicklungen und Modelle. Und für mich gehören dazu vor allem auch Modelle für autofreie Städte und Räume, nicht nur im Zentrum von Großstädten, sondern auch im ländlichen Raum. Und wir bleiben mal ein bisschen im Fantasieland und lassen den Gedankenspielen freien Lauf. Wie sähe das aus?

Wir konstruieren jetzt eine Idealsituation auf dem Schachbrett: wir stellen uns eine aufgelassene Industrielandschaft oder großes aufgelassenes Tagebaugelände vor, das in einen naturnahen Zustand zurückgeführt werden soll und das es in diesem Prozess erlaubt, gänzlich neue Modelle der Idee Natur und Mensch zu erproben. Also

Aufgabenstellung: neue Modelle für autofreie Räume abseits der großen Zentren. Die Voraussetzung: unbegrenzte Vernetzung. Hochgeschwindigkeitsnetz und -verkabelung statt Autobahn und Straßengewirr. Natürlich gibt es auch hier Wege und Straßen und ein Verkehrssystem, aber das ist anderer Natur als die heutigen Schnellstraßen und IC Züge.

Die Idee unserer heutigen Verkehrssysteme ist Geschwindigkeit. So schnell wie möglich von A nach B. Geschwindigkeit bestimmt den Takt der Zeit. Bei unserem Modell für ein angepasstes Verkehrssystem ist alles anders: gesucht wird ein Verkehrssystem, das eine Kette von Ortschaften verbindet, aber noch viel mehr bietet als nur ein Mittel von A nach B zu kommen. Es bringt den Teil des Lebens in die kleinen Ortschaften und Städte, das diesen naturgemäß fehlt. Und unser System ist Teil des Entschleunigungskonzepts. Und es darf ungewöhnlich sein, um zusätzlich Besucher anzulocken. Wenn Sie gerne planen oder Aufgaben lösen, haben Sie jetzt ein wenig Zeit, über ein solches System nachzudenken. Also Buch weglegen, eine Tasse Kaffee oder Tee trinken und einen Zeichenstift nehmen: welche Art Verkehrssystem wäre da am besten geeignet, das die Ortschaften der Region verbindet, aber viel mehr bietet als nur die Ortschaften verbinden. Die Region braucht Leben und vielleicht ein wenig städtisches Flair. Ist nicht so einfach. Viel Spaß! Mein Vorschlag hierzu kommt auf den nächsten Seiten.

Also: autofreies Wohnen auf dem Land. Wir entwerfen ein Modell unter Idealbedingungen und lassen einfach mal der Fantasie freien Lauf. Erster Entwurf: Wir stellen uns mal im Zentrum unseres Geländes einen See vor mit einem Umfang von 10-50 km. Um den See herum liegt eine Reihe von Ortschaften, die alle Fahrradland sind und mit einem ganz eigenen Verkehrssystem vernetzt sind. Es gibt auf dem Gelände verteilt Pferdehöfe mit einem ganz eigenen Wegesystem um den See. Ich fände es aber wichtig, wenn die Pferdeszene das Projekt nicht dominieren würde. Das ganze ist ein Pilotprojekt, das auf möglichst hohe Attraktivität hin konzipiert ist und Einnahmen generieren soll. Aus diesem Grund werden jegliche moderne

Siedlungsformen vermieden, die wir zur Genüge kennen.

Die meisten der Ortschaften werden wie kleine mittelalterliche Städte gebaut und sollen ihren Bewohnern Wärme und Nähe vermitteln, vermischt mit großen Freiräumen. In unserem Modell erhält jede der Ortschaften eine ganz spezielle Bestimmung. Da wäre einmal eine Stadt der Kunst mit einer Kunstakademie im Zentrum, die Professoren und Künstlern mietfreies Wohnen anbietet mit der Auflage einen Prozentsatz von jedem verkauften Kunstwerk zu entrichten. Es werden Ausstellungen und Märkte und vor allem auch Kurse für Besucher und Schüler organisiert. Es gibt ausreichend Auszeiten, an denen der Geschäfts- und Verkaufsbetrieb ruht, um dem Gemeinwesen genügend Freiraum zur Selbstfindung zu geben. Das können 1-3 Tage pro Woche sein (je nach Saison). Der Gastronomie- und der sonstige Betrieb gehen jedoch auf jeden Fall weiter.

Nach dem selben Modell gibt es eine Musikstadt für Musiker und Instrumentenbauer incl. Musikschulen. Diese beiden Ortschaften befruchten sich gegenseitig und liegen in unmittelbarer Nachbarschaft zueinander. Sie leben von den Schülern, den Besuchern, der Gastronomie, den Serviceleistungen, den Kursen, dem Ausstellungs- und Aufführungsbetrieb. Natürlich gibt es hier viele Fallen, wo man reinfallen kann und man muss natürlich als allererstes aufpassen, jeglichen Mechanismus zu vermeiden, der in Richtung Disneyland führen würde. Und man muss aufpassen, dass ein solches Projekt nicht zu „statisch" wird, nicht „überdesigned" wird, dass es lebendig bleibt. Und wiegesagt, es muss ein Kompromiss gefunden werden zwischen dem Tourismusbetrieb und den Rückzugsbereichen der Bewohner etc.. Die Autofreiheit ist nicht auf den reinen Stadtbereich begrenzt, das gesamte Umland um den See ist Park- und Fahrradland. Und um diese kleinen Städtchen herum gibt es ausgedehnte Gartenbereiche, die individuell oder gemeinschaftlich genutzt werden können.

Und bitte nicht falsch verstehen: rein mittelalterlich sind unsere Städtchen ohnehin nicht, sonst könnte man ja auch kein Internet als Grundlage moderner Wohn- und Arbeitsformen haben. Also Strom und fließend Wasser und Breitbandverkabelung gehören hier mit zum Konzept (allerdings individuelle Satellitenschüsseln sind out). Es geht um die Wohnformen. Wir wollen keine „Siedlungen", wir wollen „von Hand" gebaute kleine Städtchen, die alles Maschinelle, Gestanzte vermeiden, die von Hand fürs Auge gebaut sind, und die Nähe und Wärme vermitteln und die ihre Erbauer und Bewohner mit Stolz erfüllen. Grundsätzlich baut jeder mit, aber deshalb ist es so wichtig, klare klassische Vorlagen zu haben. Es bleibt genug Raum für individuelle Handschrift. Der Weg ist das Ziel und das gibt jene unverwechselbare lebendige Atmosphäre.

Für dieses Pilotprojekt wollen wir eine Architektur, die von innen heraus lebt. Das Prinzip der Entschleunigung beim Bau ist dabei wichtig. Und es werden nicht die Bautechniken einem maschinellen Baustil unterworfen wie heute üblich, sondern die Hände formen und gestalten das Material, sie haben sozusagen das letzte Wort auch über modernere Materialien. Bewohner und Besucher sollen die besondere Ausstrahlung erleben, die von Gebäuden ausgeht, bei deren Bau das künstlerisch kreative Element genügend Raum hatte und wo der letzte Finish von Händen geformt wurde. Es gibt ein Zentrum für Baubiologie und eine Hausbauschule & Kurse: „wie baue ich ein Haus, das von innen heraus lebt und das Wärme und Behaglichkeit ausstrahlt." (Das ist leider etwas, was unseren modernen Häusern abhanden gekommen ist.)

Und dann muss man noch etwas anderes erklären: es gibt den autofreien Bereich, der das gesamte Umland um den See einschließt und der natürlich auch der touristische Bereich ist und zusätzlich gibt es noch eine Autostadt, ein kleines Stück weiter weg vom See. Hier ist das logistische Zentrum, die große Schnittstelle zur Außenwelt, verfügt über große bewachte Parkplätze inklusive bewachten Containerabstellplatz, Busparkplätze, einen Bahnhof, genau genommen zwei, wie wir noch sehen werden etc.. Hier gibt es auch einen Bauhof und Umschlagplatz für alle Baumaterialien etc..

Und jetzt sind wir wieder am See im Fahrradland. Die nächste Ortschaft ist fast wie eine Museumsstadt, sie ist dem mittelalterlichen Handwerk vorbehalten, etwas was immer populärer wird. Diese Ortschaft bietet vielen dieser Kunstgewerbe ein Zuhause und auch einer entsprechend orientierten Gastronomie ein angemessenes Ambiente. Ein Schwerpunkt liegt auf dem Abhalten von Kursen und Seminaren, in denen alte Techniken gelehrt und weitergegeben werden. Es werden regelmäßig Feste veranstaltet, die aber mindestens genauso nach innen auf das Bedürfnis der Bewohner gerichtet sind sind als nach außen, nachdem mittelalterliche Feste und Ritterspiele schon fast überall zur Modeerscheinung geworden sind. Aber dafür verdient diese Stadt z.B. Geld mit dem stilgerechten Ausrichten von Hochzeiten. Pferde sind natürlich vor allem in dieser Stadt ein wichtiger Bestandteil des Lebens. Aber auch hier hängt alles vom Feingefühl ab, mit dem hier Geschichte gelebt und inszeniert wird und auch hier muss ein Gleichgewicht gefunden werden zwischen touristischer Exposition und den Bedürfnissen der Bewohner.

Auch für die Filmindustrie ist eine solche Stadt natürlich ein großer Anziehungspunkt und so bietet es sich an im weiteren Umfeld, etwas weiter entfernt vom See eine mittelalterliche Filmstadt (natürlich nicht autofrei) zu errichten mit auswechselbaren Hausfassaden und die Filmgesellschaft kann einzelne der Kunstschaffenden für ein Filmprojekt engagieren. Ein besonderes Problem stellen natürlich die Kirchen unserer kleinen Städte und Ortschaften dar, wenn sie ins Ambiente passen sollen. Aber auch hier ist Raum für Pilotprojekte. Eine unserer Ortschaften ist eine „Computer City". Und in dieser Computer City gibt es natürlich großformatige Drucker und hochleistungsfähige 3-D Drucker.

Und es wäre natürlich ein Demo-Projekt für die Leistungsfähigkeit des 3-D Drucks, wenn es gelänge Kirchen früherer Zeitepochen durch 3-D Statuen und gedruckte Wandgemälde glaubhaft nachzuempfinden (wobei wahrscheinlich die frühen Perioden (Romanik und Gotik) uns heute mehr entsprechen als überladene Barockschöpfungen. Aber es käme auch darauf an in welcher Gegend sich unser Projekt befindet.) und wobei die Akzeptanzfrage eines solchen „Plagiats" Teil des Experiments wäre. Vielleicht kann jemand sogar einen mobilen Fresco Drucker entwickeln. (Könnte sich zu einer wichtigen Basis für Spezialgeräte zur Restauration alter Kunstschätze entwickeln. Abgesehen davon sind die Kirchen hier natürlich entsprechend kleiner - viel Raum für eigene kreative Impulse. Aber vielleicht kann sich daraus ein Nischenmarkt für Kunstreproduktion entwickeln... Abgesehen davon gibt es ja viele Künstler auf unserem Gelände und vielleicht fühlen sich einige angesprochen, sich zu engagieren.

Weiter auf unserer Perlenschnur: zwei, drei Ortschaften sind dem geistigen Bereich und dem Gesundheitsbereich gewidmet und profitieren besonders vom Entschleunigungsgedanken des gesamten Projekts, tragen aber auch ihr Teil dazu bei. Es gibt eine japanische Zenstadt mit entsprechenden Gärten und einer Universität für fernöstliche Philosophien und natürlich mit Raum für ein Kloster. Und dann gibt es eine „Wellness City" mit breit gestreuten Angeboten für Wellness und Reha. Und es sollte mindestens ein Dorf mit bäuerlichen Charakter geben, das ganz spezialisiert ist auf Ferien auf dem Land für Kinder, wo Kinder aller Altersgruppen mit Tieren und viel Natur in Berührung kommen, aber auch gezielter Unterricht stattfinden kann. Und dann wäre da noch ein oder zwei Ökodörfer, davon eines mit Universität und Forschungsstelle, in dem Seminare und Kurse für Erwachsene und Jugendliche abgehalten werden. Diese Dörfer übernehmen auch die Versorgung mit Bionahrung. Hier sind natürlich Traktoren erlaubt.

Und jetzt kommen wir endlich zu unserem Verkehrssystem, das ungewöhnlich und ein Anziehungspunkt für sich sein soll: ich wiederhole: gesucht wird ein Verkehrssystem, das diese Orte verbindet, aber noch viel mehr bietet als nur ein Mittel um von A nach B zu kommen. Es bringt den Teil des Lebens in die kleinen Ortschaften, das diesen naturgemäß fehlt. Das ist ein zentraler Punkt in unseren Konzept für Autofreiheit auf dem Land. Und es ist Teil des Entschleunigungskonzepts. Mein Vorschlag: Das fahrende Einkaufszentrum: 5-8 parallele Schienenstränge (also wie auf einem Güterbahnhof) tragen ein mehrstöckiges fahrendes Einkaufs-, Versorgungs- und Begegnungszentrum mit einer Breite von mindestens 20-30 m und einer Länge von 200m plus (die einzelnen Waggons sind wie bei einem Gelenkbus durch Drehscheiben verbunden und es bedarf spezieller „schwimmender" Fahrgestelle, um das Gewicht auf die Gleise zu bringen.) Ein Teil der untersten Ebene dient der Güterversorgung der Ortschaften. Die wird bewerkstelligt von kleinen Elektromobilen mit Anhängern ähnlich denen der Bundesbahn. Auf die kleinen Anhänger passen zwei Europaletten, auf den größten können Waren bis zu 6 m Länge transportiert werden. Ansonsten gibt es neben dem Einkaufszentrum alles was Leben bringt: zahlreiche Restaurants, Disco, Kino, Bibliothek, Friseurläden, Basar, Veranstaltungshalle, ärztliche Praxis inkl. Zahnarzt, Beratungszentrum etc..

Unser fahrendes Zentrum bewegt sich mit mäßiger Geschwindigkeit (höchstens 50 km/h). Eine ganze Runde dauert 1-2 Stunden. Auf dem Penthouse gibt es bewegliche Glasdächer und Cafés und vielfältige Gastronomie. Dieses fahrende Zentrum ist ein zentraler Bestandteil des Entschleunigungskonzepts. Man besteigt das Zentrum nicht um mal schnell einzukaufen oder um mal schnell in die nächste Ortschaft zu fahren. Es fährt auch nur immer in einer Richtung. Zum einkaufen und Leute treffen nimmt man sich halt 2 Stunden Zeit. Sollte das Gesamtprojekt sehr erfolgreich sein und sehr viele Besucher anziehen und im Lauf der Zeit auch mehr Bewohner und sollte sich dann herausstellen, dass das fahrende Zentrum zu klein ist und das Angebot unzureichend, das wäre kein Problem. Man kann jederzeit ein weiteres Zentrum in entsprechendem Abstand auf die Rundreise schicken.

Ich habe allerdings bei meinem Projekt hier geflissentlich über ein paar kleinere Probleme einfach mal hinweggesehen: aufgelassene Tagebauflächen in einer solchen Größenordnung sind Mangelware. Aber vielleicht ist da ein Bundesland, das touristisch etwas kurz gekommen ist und das ein großes Interesse daran hätte, neue touristische Anziehungspunkte zu schaffen. Und dann gibt es ländliche Gegenden, deren Dörfer am Sterben sind und die eigentlich nur warten auf die Injektion neuer Ideen und neuen Lebens. Aber das sind alles Gedankenspiele. Aber für mich steht fest, dass wir das Spielbrett der Gedanken sehr weit bis zum Horizont und darüber hinaus ausdehnen müssen, um zu wirklich neuen Lösungen zu kommen. Aber meine Hauptbotschaft mit diesem Buch ist, die Planung und Gestaltung unserer Zukunft nicht nur den Technokraten zu überlassen, sondern selbst aktiv an diesem Prozess teilzunehmen und selbst ein wenig Zukunftsforschung zu betreiben und uns selbst zu fragen, welche Zukunft wir für uns und unsere Kinder wollen.

Leider leben wir in einer Gesellschaft, die trotz ihrer rasanten technologischen Entwicklung ihre Zukunft erstaunlich wenig plant oder versucht zu steuern. Wir benehmen uns wirklich wie eine große Herde gutgläubiger Schafe und lassen uns, von wem auch immer, willig an der Hand führen. Wir haben es einfach nicht anders gelernt. Wir sind daran gewöhnt, den beeindruckenden technologischen Fortschritt aus den Medien als tägliche Tropfnahrung zur Kenntnis zu nehmen und dann gibt es da ja noch Institute für Zukunftsforschung, die die neuesten Trends für uns und vor allem für die Wirtschaft aufbereiten, meistens bezahlt von der Wirtschaft. Es tut mir leid, ich habe bei meinen Recherchen unter diesen Instituten für Zukunftsforschung wenig gefunden, was mir das Gefühl gäbe, hier in den richtigen Händen zu sein mit unseren Ansprüchen an Humanität und Menschlichkeit unserer Lebensräume. So und jetzt sind noch ein paar kleinere Punkte übrig geblieben, die ich noch gerne streifen würde auf unserer kleinen Reise.

9) STREUSANDBÜCHSE

Also hier sind noch ein paar übrig gebliebene Punkte, die ich noch erwähnen möchte. Allerdings sehr unvollständig, da wäre sicher noch einiges. Erstens: Ein paar bösartige Kommentare zu einigen Aspekten der jetzigen Energiewende kann ich mir leider nicht verkneifen. Mit großem Finanzaufwand werden Gebäude hochgradig isoliert und mit Dreifachverglasung etc. versehen. Aber in vielen Fällen wird versäumt, gleichzeitig eine adäquate und fortschrittliche Frischluftversorgung im Wärmetauschverfahren zu installieren und ohne das ist das alles Makulatur. Und das ganze wird noch verschlimmert durch die ungesunden und veralteten Heizungssysteme mit den klassischen Konvektionsheizkörpern, die die Atemluft unnötig aufheizen, was zu vielen Gesundheitsproblemen in der kalten Jahreszeit führt. Und das führt zum Teil dazu, dass ein nicht geringer Prozentsatz der Bewohner in der Heizungsperiode die Luftsituation erleichtert durch das Kippen eines Fensters, was natürlich die ganze teure Wärmeisolation mehr oder weniger zur Makulatur macht. Da kann man noch so viel predigen über das richtige Lüften. Sobald die Fenster wieder zu sind und die Luft wieder aufgeheizt ist, wird sie sehr bald wieder als leblos und tot empfunden und natürlich zu Recht. Ohne ein fortschrittliches Frischluft- und Umluftsystem bleibt die ganze Gebäudesanierung Makulatur.

Seit vielen Jahrzehnten predigen Vorkämpfer der Baubiologie über das richtige Heizen z.B., aber bis heute hat sich nicht viel geändert an der traditionellen Warmwasserheizung auf Konvektionsbasis, die mit Abstand die ungesundeste aller Heizformen ist. Eine gesunde Heizung heizt nicht die Atemluft, sondern heizt den Raum durch Strahlungswärme und lässt die Luft bei 18-19°, was in mehrfacher Hinsicht gesünder und auch energiesparender ist. Das muss nicht der romantische, aber ineffektive offene Kamin sein. Mit den richtigen Heizkörpern ließe sich auch aus einer Warmwasserheizung noch ein gesundes Heizsystem machen.

Die ideale Heizung ist z.B. eine beheizte senkrechte Wandfläche, die ihre Wärme in den Raum hineinstrahlt ohne gleichzeitig die Raumluft aufzuheizen. Das ist im Prinzip dieselbe wohlige Strahlungswärme wie bei einem Kachelofen nur halt ohne Feuer. Dabei soll das Ganze ganze ja auch ein raumfreundliches Gestaltungselement sein. Mein Vorschlag: eine leicht nach vorne gewölbte 80-100 cm breite Wandfläche mit einem farbenfrohen Mosaik aus kleinen farbigen Keramik Plättchen. Man soll sich an seiner zeitgerechten Heizung auch freuen können. Es gibt zwei Versionen: die eine arbeitet konventionell mit Wasser, ist aber leistungsmäßig begrenzt, die andere arbeitet mit Öl und kann wesentlich höhere Temperaturen erreichen. Wir leben zum Glück in einer Wohlstandsgesellschaft und da ist es umso unverständlicher, dass wir uns mit ungesunden

Heizungssystemen durch den Winter quälen und dann regelmäßig mit erkältungsbedingten Auszeiten dafür bezahlen und leider viel mehr bezahlen, als uns eine zeitgerechte Strahlungsheizung je gekostet hätte. Aber es ist wie ein Kampf gegen die Windmühlen. Die Macht der Gewohnheit - wir haben uns so an diese ungesunden Heizsysteme gewöhnt, dass wir sie hinnehmen wie die biblische Erbsünde. Entschuldigung.

Zweitens: Gesundheit und Selbstheilung: ich sehe in der Zukunft Heilungszirkel entstehen, in denen sich Menschen zusammen tun, die es satt sind, viel Geld für teure Behandlungen inklusive Heilpraktiker auszugeben und die sich gemeinsam mehr medizinisches Wissen aneignen und auch Ausrüstungen gemeinsam anschaffen und sich per Internet mit anderen Heilungszirkeln vernetzen und so eine neue Bewegung ins Rollen bringen. Den Schlüssel zum Gefährt wieder selbst in die Hand nehmen und 50 % der Arztbesuche einsparen. Das geht zusammen mit der Renaissance und der Weiterentwicklung der Schwingungsmedizin, in der langfristig die Zukunft der Medizin liegt.

Drittens: Das Problem der hohen Gesundheitskosten könnte sehr schnell nach einem Art Verursacherprinzip gelöst werden, nämlich dadurch, dass im ersten Schritt auf sämtliche Lebensmittel ohne ausdrückliches Gesundheitszertifikat eine Steuer erhoben wird und zweitens eine erhöhte Sonderabgabe auf Lebensmittel, die von einem Gremium aus Fachärzten und Ernährungswissenschaftlern als gesundheitlich besonders nachteilig eingestuft werden. Dadurch werden Lebensmittelhersteller in die Verantwortung genommen und speziell die Hersteller weniger gesunder Lebensmittel und Getränke, z.B. solche, die zur Übersäuerung beitragen - einem Hauptproblem der Menschen in unserer Überflussgesellschaft - leisten dadurch einen Beitrag zu den zu hohen Gesundheitskosten. Und das ist nur fair und gerecht. Vor allem viele Getränke und Softdrinks werden mit der Gesundheitssteuer belegt. Das nächste wären natürlich Lebensmittel mit zu hohem Zuckergehalt etc..

Der einzige Weg das einzuführen, besteht wohl darin, zunächst eine Gesundheitsabgabe auf alle Lebensmittel außer z.B. biologisches Obst und Gemüse zu erheben und dann ein System der Gesundheitszertifikate zu etablieren für alle Lebensmittel, die nachweislich gesundheitsfördernd sind. Ausschlaggebend ist, dass die Nachweispflicht bei den Herstellern liegt. Sobald dieses System etabliert ist, wird die Gesundheitsabgabe schrittweise angehoben bis sie zu einem wirkungsvollen Instrumentarium auf dem Lebensmittelmarkt wird, das entscheidend zur Entlastung der Gesundheitsfonds beitragen kann. Wer bei Lebensmitteln zu viel Chemie beifügt oder Produkte auf den Markt bringt, deren Konsum zu Gesundheitsproblemen beitragen kann, zahlt. Ein solcher Mechanismus sollte schon längst existieren. Und ganz wichtig: es ist äußerst wichtig, endlich ein Verbot für ungesunde Nahrungsmittel (zu viel Zucker und Fett) wenigstens für Kids politisch durchzusetzen. Übergewichtigkeit bei kleinen Kindern nimmt alarmierend zu. Und das sind die unschuldigsten und schützenswertes in der Kette. Es ist ein Armutszeugnis für eine Gesellschaft, wenn es die Politik nicht schafft, hier klare Verhältnisse auch gegen den Widerstand der Industrie zu schaffen. Die großen Konzerne wie Nestlé nehmen keine Rücksicht auf die Gesundheit der Menschen. Man muss sie leider dazu zwingen.

Viertens: Und noch ganz schnell zum Schluss ein verwandtes Thema: es betrifft die Landwirtschaft und unseren Umgang mit der Natur und den Tieren. Hier wird es eine neue Revolution geben weg von Monokultur und PS. GPS- oder galileogesteuerter Ökolandbau und Permakultur heißt die Anbaumethode der Zukunft. Die Dinosaurierzeit der großen Traktoren und Landmaschinen wird Schritt für Schritt im Laufe der nächsten 100 Jahre an Bedeutung verlieren. Die Entwicklung der Technik wird langsam weggehen von Stärke und PS hin zu Intelligenz und Flexibilität. Vollautomatische, galileogesteuerte „Krabbler" werden Tag und Nacht wie große vielarmige Spinnen auf Rädern neue Öko- und Permakulturflächen bewirtschaften.

Der Computer hat jede Nutzpflanze in seinem Bereich gespeichert und das erlaubt jetzt Mischkulturen und echte Permakultur anzubauen mit all den Vorteilen in Bezug auf Schädlingsbefall und Pflanzengesundheit. Monokulturen können so Schritt für Schritt zurückgedrängt werden. Die Vielseitigkeit dieser „Krabbler" mit vielen spezialisierten Armen erlaubt für äußerst vielseitigen Anbau. In regelmäßigen Abständen (z.B. 20-30 m) können Reihen von Bäumen incl. Obstbäumen stehen, ebenso dazwischen Reihen von Sträuchern und hochwachsenden Pflanzen. Die Krabbler können z.B. Breiten von 5-10 m haben und die Streifen zwischen Baumreihen und Buschreihen befahren.

Die Krabbler bewegen sich im Arbeitsmodus natürlich extrem langsam, damit die Spinnenarme Zeit haben alles zu kontrollieren und notfalls einzugreifen z.B. Schnecken, Käfer oder Unkraut entfernen etc.. Ich habe mal ein Beispiel durchgerechnet: nehmen wir eine Durchschnittsgeschwindigkeit im Kontrollmodus an von 600 m/h. Das wäre 6 Sekunden pro Meter und etwa 16 cm/s. Bei einer Breite von 5 m kann der Krabbler in 5 Stunden 1,5 ha kontrollieren, bei einer Breite von 10 m 3 ha. Am Ausgangspunkt befindet sich eine Ladestation, dort macht das Gerät nach jeder Runde 1 Stunde Pause zum Aufladen der Batterien. Das Gerät führt also alle 6 Stunden eine volle Kontrollfahrt durch. In der Pflanzzeit ist das natürlich völlig anders. Zunächst werden dafür wohl spezialisierte Geräte eingesetzt. Alleskönnergeräte gehen wahrscheinlich auf Kosten der Vielseitigkeit, das wird einige Zeit dauern bis die Technik da so weit entwickelt ist. Das gesamte Areal wird natürlich von einem ober- und unterirdischen Zaun umgeben um unerwünschte Eindringlinge fernzuhalten.

Es gibt heute schon neue Vermarktungsmodelle wie die solidarische Landwirtschaft, die viel Zukunft hat, aber hier sind nochmal völlig neue Modelle denkbar: in der Nähe einer Stadt können verbraucherfreundliche Projekte entstehen, nehmen wir mal an eine Fläche von 1,5 ha im Anfangsstadium wird eingeteilt in Parzellen zwischen 40 und 100 m² und Verbraucher können einzelne Parzellen mieten. Alle Parzellen werden nach einem einheitlichen System bepflanzt, die Technik vor Ort übernimmt vollautomatisch die Überwachung und Pflege der Fläche und wenn ein Produkt reif ist, werden die Verbraucher verständigt und können ihre Produkte ernten. Das sind überwiegend Gemüse, Obst, Beeren, Kartoffeln, Tomaten usw. usw. 1,5 ha, das wären zwischen 200 und 300 Parzellen, je nach Größeneinteilung. Größere Gaststätten und Marktverkäufer mieten halt mehrere Parzellen. Ein kleinerer Teil der Fläche kann auch als Glashausfläche mit ganz eigener angepasster Technik angelegt werden, um die Erntesaison zu erweitern. Und wenn das Projekt erfolgreich ist, wird es auf größere Flächen ausgedehnt und durch zusätzliche Varianten erweitert. Also nicht den Kopf hängen lassen, es kommen wieder bessere Zeiten auch auf den Äckern dieser Welt. Gerade für Europa wäre es ein lohnendes und lukratives Ziel, in solche naturschonende Zukunftstechnologien zu investieren.

Und auch die Viehwirtschaft wird wieder „menschlicher" werden. Es wird große Neuerungen geben wie automatische Weiden: Die Tiere gehen von selbst auf die Weide. Dafür trägt jedes Tier einen kleinen GPS-gesteuerten Computer, der mit dem Tier durch Impulse und Laute kommuniziert. Das erfordert natürlich eine Trainingszeit für die Tiere. Das gibt dann einen neuen Beruf, den landwirtschaftlichen Tiertrainer, der den Bauern hilft, die Tiere zu trainieren. Zur Unterstützung können zusätzlich Hunde eingesetzt werden. Damit wäre endlich ein Problem der gegenwärtigen Viehhaltung gelöst. Das dunkle Zeitalter, wo heute in vielen Fällen die Tiere aus ökonomischen Gründen ein lebenslanges Gefangenendasein ohne Sonne und Wind in Ställen verbringen, wird endlich vorbeigehen und zur Freude unserer Landschaftsfotografen und Touristen wird es dank GPS wieder mehr buntes Vieh auf den Weiden geben. Und es wird wieder mehr Milch von glücklichen Kühen geben. Die Marktfaktoren setzen die meisten Landwirte so unter Druck, dass ihnen kein anderer Weg bleibt, als die fehlenden Einnahmen aus anderen Quellen zu erwirtschaften, auch wenn diese Marktzwänge auf dem Rücken der Tiere ausgetragen werden müssen. Traurig. (Menschliche Gefangene dürfen ja wenigstens zum täglichen Rundgang ins Freie.) Ein Fall für Amnesty International...

...und zu guter letzt ein kleiner Gruß vom Autor,
hier bei der Arbeit am Computer...

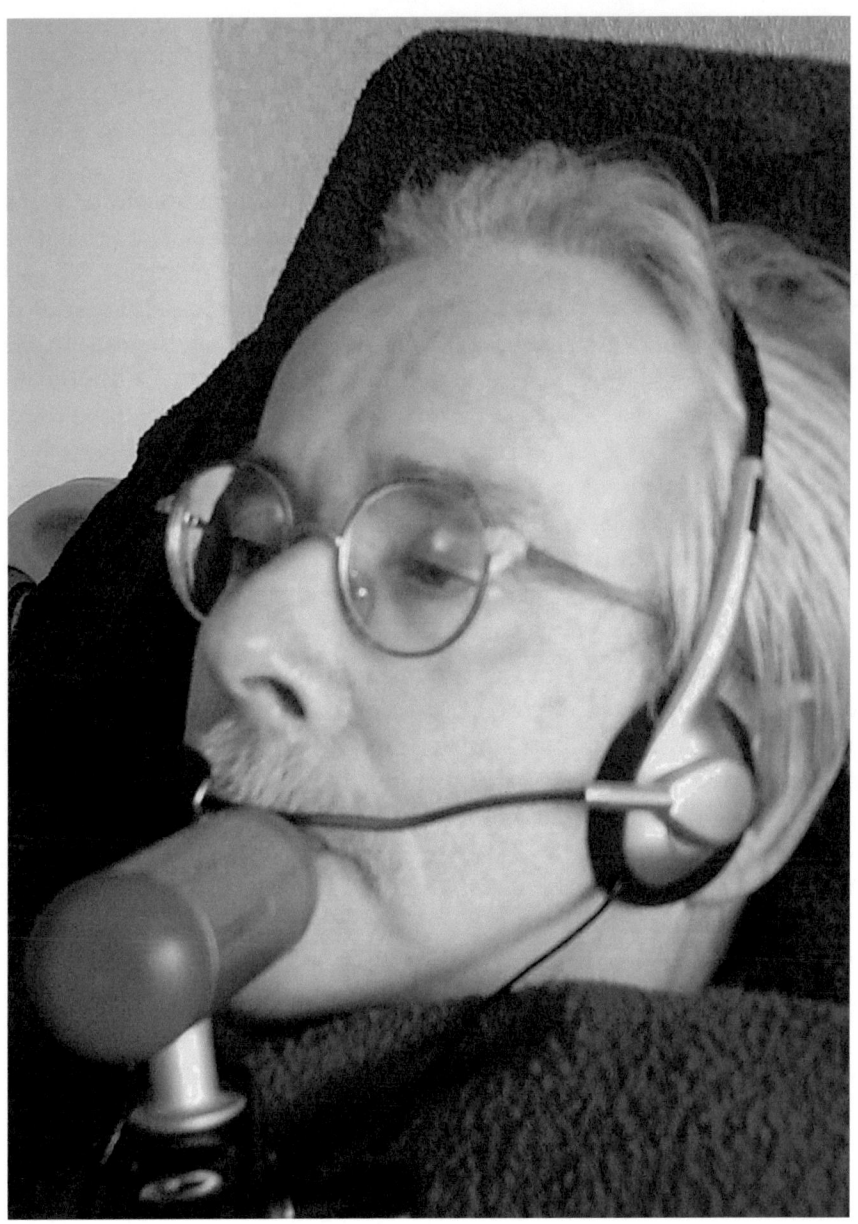

Und hier folgt eine sehr persönliche Geschichte, die mich dahin gebracht hat, wo ich heute bin, als Autor und als Mensch.

DIE VORGESCHICHTE

Dieses Buch hat eine lange Geschichte,
eine Geschichte, die mich in langen Nächten bis an die Grenzen meiner
Existenz gebracht hat.

Januar 2005. Ich gehe zu meiner Bank in Auckland Neuseeland und lasse mir Travellerschecks für eine Reise nach Indien ausstellen. Der Schalterbeamte fragt mich, ob ich eine Reiseversicherung abschließen wolle. Ich sage sehr schnell ohne viel nachzudenken: nein danke. Nein, ich brauche da nicht lange zu überlegen. Ich gehe auf eine spirituelle Reise, sozusagen eine Reise zu Gott, meine erste langersehnte Reise in das spirituelle Mutterland Indien, für mich eine Reise näher zum spirituellen Ursprung, zur spirituellen Heimat und zu Gott, wenn man so will. Eine Reiseversicherung zu Gott? Nein, ein Sadhu bin ich nicht, barfuß pilgern werde ich nicht, aber mit Reiseversicherung im Gepäck auf dem spirituellen Pfad näher zu Gott erschien mir dann doch zu viel des Guten, zu viel des westlichen Gepäcks im Tornister und im Kopf. Ich folge einer Einladung zu einem spirituellen Ashram, will aber dann noch weiter nach Norden Richtung Himalaja.

7. Februar, ein Freund fährt mich zum Flughafen. Mein Hund will nicht von mir weichen, legt sich die ganze Fahrt auf meine Füße, sie will mich nicht gehen lassen. Es tut mir von Herzen weh, ich tröste diese treue Seele, die 13 Jahre an meiner Seite gelebt hat und all meine Schritte begleitet hat. Ich nahm sie überallhin mit, verboten oder nicht. Wir waren langsam bekannt in ganz Auckland. Der Mann mit seinem Dreadlock* Hund. Das war fast wie ein Wesen. *(Sie hatte schwarze Zotteln an den Seiten, die aussahen wie Dreadlocks.) Oft drückte man ein Auge zu bei uns zwei an Plätzen, wo Hunde normalerweise nicht zugelassen sind. Ich sage zu ihr: sei nicht traurig, ich bin in sechs Wochen, spätestens in acht Wochen wieder hier und ich verspreche ihr, ich mach dann ein paar Wochen Urlaub mit dem Camper an Plätzen, wo ich weiß, dass sie gerne ist. Ich hatte Auslandsreisen vermieden, weil ich meinen Hund nicht zurücklassen wollte und hatte einen Camper gekauft, weil ich damit viel mehr Möglichkeiten hatte, sie mitzunehmen. Die Zeit drängte, ich musste ade sagen, sie war so niedergeschlagen, wie ich sie noch nie erlebt hatte.

Ich ahne noch nicht, dass es ein Abschied für immer sein würde, dass ich sie nie mehr wiedersehen würde und ich ahne noch nicht, dass dem kleinen Hund eine extrem schicksalhafte Zeit bevorstehen würde. Ich hatte für die Zeit meiner Abwesenheit alles für sie organisiert. Es wohnte ein Bekannter in einem Caravan auf der Buschfarm, auf der ich lebte und dem hatte ich alles übergeben und er würde sich um den Hund und um den Platz in meiner Abwesenheit kümmern.

Ich eile zum Schalter, es wurde Zeit. Als ich durch die Kontrollen durch bin, komme ich ein bisschen zur Ruhe, es gleitet vieles an mir vorbei. Ich schaue auf mein Ticket und jetzt fällt es mir auf: es sind auf den Tag genau 18 Jahre, dass ich krank, erschöpft und ausgelaugt in diesem Land gelandet bin, fast muss ich sagen gestrandet. Ich war 10 Monate zuvor Hals über Kopf aus Deutschland geflohen, aus Angst um mein Leben, hatte über Nacht alles liegen und stehen lassen, war zunächst in Singapur und dann in Australien gelandet, durchlebte eine 9 Monate Odyssee in diesem wilden Pionierland und landete schließlich krank und am Ende meiner Kräfte auf neuseeländischen Boden. Und dieser Boden war zu mir anders, von Tag eins, als die rote Erde Australiens. Und hier gelang es mir schließlich Fuß zu fassen, zur Ruhe zu kommen. Nach einem Jahr war ich in Auckland verheiratet, erhielt meine Residency und Neuseeland wurde meine neue Heimat, vor allem meine spirituelle Heimat. Und es war fast so etwas wie eine spirituelle Wiedergeburt, was hier auf mich wartete. Mein kleines niederbayerisches Weltbild öffnet sich hin zu neuen, nie zuvor gekannten Welten.

Solche Gedanken gingen durch meinen Kopf, als ich im Flugzeug saß. Und ein bisschen Dankbarkeit mischte sich mit, als unter mir meine neue Heimat meinen Blicken entschwand und wir auf das offene Meer hinausflogen. Mit der Reise nach Indien würde sich ein lang gehegter Wunsch für mich erfüllen. Die Reise ins spirituelle Mutterland. Dort angekommen, fand ich noch in der Nacht meinen Weg zum Ashram. Es waren ein paar 100 Leute, die der Einladung gefolgt waren, viele aus Neuseeland und Australien, aber auch aus anderen Ländern. Nach einer Woche geht ein Teil von uns zusammen mit dem Meister auf eine Tour durch das Hinterland von Maharashtra, wo der Ashram in großem Stil in die Dörfer geht und die Bauern zurück zur biologischen Landwirtschaft konvertiert. Der Meister wird dort wie ein Heiliger, wie ein Messias verehrt. Auf den abendlichen Vorstellungen mit anschließendem Satsang kommen zwischen 50 und 100 Tausend Inder. Wir logieren mit dem Meister im Hotel, fahren zur Vorstellung im V. I. P. Bus und werden auf der Bühne verteilt. Das ist wie auf einer Mick Jagger Tour. Wir sehen eher aus wie Touristen, werden aber bestaunt wie besondere Wesen, weil wir mit dem Meister unterwegs sind und so nahe bei dem verehrten Meister sein dürfen.

Auf dieser Tour lerne ich Gia (Name geändert) kennen, eine Yogalehrerin aus Russland und wir verlieben uns. Wir beschließen gemeinsam einen ayurvedischen Massagekurs in Goa zu machen. Wir wohnen im ersten Stock eines indischen Gästehauses in Strandnähe und ich gehe jeden Morgen um 6:00 Uhr zum Strand zum Meditieren. Am vorletzten Morgen des Kurses stürze ich jedoch um 6:00 Uhr morgens aus völlig ungeklärter Ursache 3 m in einen Betonschacht neben der Treppe, etwas woran ich selbst keinerlei Erinnerung habe. Gia hörte Schreie, stürzt aus dem Zimmer und in Ermangelung eines Krankenwagens ruft sie ein Taxi, wo ich blutüberströmt auf die Hinterbank gelegt werde (das ist Indien). Im Krankenhaus wache ich irgendwann auf, gelähmt, Gia ist da und sorgt aufopfernd für mich. Ich habe ein Wissen in mir, ich weiß vom ersten Moment die spirituellen Gründe, warum der Unfall passiert ist (ich hatte im letzten Jahr spirituelle Warnungen erhalten und ich war mir irgendwann bewusst, das sind Warnungen, aber was sie mir wirklich sagen wollten, habe ich doch nicht verstanden. Trotzdem hilft mir dieses Wissen sehr viel in dem neuen Leben, das für mich jetzt beginnt. Und es ist ein neues Leben, was jetzt auf mich zukommt, sehr viel anders als das bisherige, aber ich sehe das Leben als ein Geschenk und so ist auch dieses neue Leben ein Geschenk, wenn auch sehr viel anders.

Die indischen Krankenhäuser waren keine leichte Erfahrung, aber die Nähe von Gia und meine spirituelle Lebenseinstellung helfen durch die Zeit. Stück für Stück erfahre ich die medizinische Diagnose: Halswirbelbruch C4/C5, vollständige Trennung des Rückenmarks. Ich begreife, dass das eine lebenslängliche Diagnose ist und jetzt für mich ein wirklich neues Leben beginnt. Ich bin jetzt Tetraplegiger bis ich wieder heimkehre dorthin, wo das wirkliche zuhause ist. Ich beschließe das Beste aus diesem neuen Leben zu machen. Aber viel Zeit blieb nicht, mir große Gedanken um meine Zukunft jetzt zu machen. Irdische Probleme haben mich wieder in ihrem Griff. Meine Travellerschecks sind bald aufgebraucht und ich habe durch die Gehirnerschütterung die Passwörter für meine Konten in Neuseeland verloren, wo genug Geld gewesen wäre, um für ein zwei Jahre ein indisches Krankenhaus zu bezahlen. Alle Versuche vom Krankenhaus aus an dieses Geld heranzukommen scheitern. Die Situation spitzt sich zu, das Krankenhaus teilt mir mit, sie können die Behandlung nicht länger aufrechterhalten, wenn sie nicht bald Geld sehen. Meine Freundin in Neuseeland schickt mir ein paar 100 €. Und wir lernen zwei ausgesprochen liebe Menschen kennen, Gudrun und Wolfgang, die uns mit Rat und Tat unterstützen. Wolfgang sammelt am Strand bei deutschen Touristen Geld für mich. Er bekommt tatsächlich einen beträchtlichen Betrag zusammen und auf diesem Weg können wir die Situation fürs erste retten.

Aber es hilft nichts, lange hilft auch das nicht weiter. Es ist eine bittere Situation und ich bin selber schuld, dass ich in sie geraten bin durch so eine spirituelle Traumtänzerei und fast könnte man es spirituellen Hochmut nennen, es war Leichtsinn, sich auf eine Indien Reise nicht vernünftig abzusichern, spirituelle Traumtänzerei, das ist schon das richtige Wort. Es rächt sich jetzt außerdem, niemals die neuseeländische Staatsbürgerschaft beantragt zu haben. Ich habe „Residency" auf Lebenszeit, aber ohne Staatsbürgerschaft natürlich keinerlei Unterstützung außerhalb der Landesgrenzen. (Es gibt eine gegenseitige Abmachung zwischen Neuseeland und Australien wegen Missbrauch der Sozialhilfe, dass alle mit deiner Residency verbundenen Rechte nur innerhalb der Landesgrenzen gelten. Wenn du außerhalb der Landesgrenzen bist, hast du lediglich ein Wiedereinreiserecht. Alles andere erlischt.) Als deutscher Staatsbürger, der ich noch immer war, bleibt nur die deutsche Botschaft in Bombay. Ich bitte um einen temporären Kredit, bis ich über Freunde in Neuseeland an mein neuseeländisches Geld heran kommen kann. Dies wird abgelehnt mit der Begründung, es hätte Fälle von Missbrauch gegeben von Drogenabhängigen und deshalb würden keine Kredite mehr gegeben. Meine ganzen Argumente nützen nichts. (Das hier kein Missbrauch von einem Drogenabhängigen vorliegt, das müsste doch eigentlich auch ein Botschafter erkennen.)

Der Botschafter in Bombay teilt mir mit, man würde mich nur dann unterstützen, wenn ich ausdrücklich erkläre, nach Deutschland zurückkehren zu wollen. Dann würde man mir selbstverständlich helfen und ich würde dort vom Sozialamt übernommen. Ich fühle mich in einer Zwickmühle aus mehreren Gründen. Wenn ich jetzt nach Deutschland gehe, heißt das, dass ich wohl nie mehr nach Neuseeland zurückkehre. Und dann, was wird dann aus meinem Hund? Ich seh sie dann wohl nie wieder und sie sieht mich nie wieder. Das Sozialamt wird mich übernehmen, aber nicht die teure Flugreisen für meinen Hund. Und ich bin mindestens ein Jahr im Krankenhaus und danach vielleicht in einem Heim. Wer kümmert sich dann um sie? Ja, sie wäre für mich ein Grund zurückzukehren. Sie hat mir so viel gegeben in all den Jahren. Ich habe immer gesagt - wenn jemand mich gehänselt hat, was ist mit einer Frau in meinem Leben - hier ist meine Frau und hab sie gestreichelt und ein deutscher Besucher sagte: und sie legt sich auch gleich hin, was sie immer tat, wenn sie am Bauch gestreichelt oder gekratzt werden wollte. Wenn ich jetzt für längere Zeit nicht mehr zurückkehre, muss eine gute Lösung für Tina (mein Hund) gefunden werden. **Und nein, ich habe auch so kein gutes Gefühl, jetzt nach Deutschland zurückzukehren. Ich habe in meiner Zeit in Deutschland nie regulär gearbeitet, nie Steuern oder Renten einbezahlt und jetzt, nachdem ich durch einen Unfall zum lebenslangen Patienten geworden bin, erinnere ich mich der alten Heimat, der ich vor 19 Jahren den Rücken gekehrt habe. Kein gutes Gefühl, oder wie würde es Dir gehen?** Außerdem war ich im Jahr zuvor (vor meinem Unfall) für zwei Monate nach 19 Jahren das erste mal wieder in meiner alten Heimat gewesen und war von dem, was ich sah und erlebte, bitter enttäuscht und auch ein wenig schockiert (das war 2004, es war damals eine depressive Stimmung im Lande, aber das waren nicht die Gründe.)

Ich war damals mit großen Erwartungen in meine alte Heimat geflogen. Ich war aufmerksam geworden durch eine neue politische Situation, wie ich dachte. Der Irak Krieg. Chirac und Schröder zeigten dem ungezügelten Rodeohelden Bush die Stirn. Das war neu und ich horchte auf und hoffte auf meiner längst überfälligen Reise in die alte Heimat ein neues Europa zu finden, das wiedererwacht ist zu seiner geschichtlichen Rolle und Stärke und eben auch ein Deutschland, das ein neues Selbstbewusstsein als wichtiger Spieler im internationalen Poker entwickelt und sich endlich abzunabeln beginnt von der übergewichtigen transatlantischen Nabelschnur. Jedoch die Reise wurde für mich zu einer bitteren Enttäuschung. Das war noch vor dem Aufschwung von 2005. Für mich war es ein Schock. Die großen alternativen Freiräume der siebziger und achtziger Jahre waren verschwunden, Europa war mit sich selbst beschäftigt und seinem Integrationsprozess, der Osten und die Öffnung nach Osten waren beherrschende Themen, neben der Herausforderung des Islam. Und auch die große spirituelle Öffnung, die Neuseeland in den achtziger und neunziger Jahren erfahren hatte, schien an meiner Heimat vorübergegangen zu sein. Nein, nicht spurlos, das will ich nicht behaupten, aber verglichen mit der spirituellen Öffnung, die Neuseeland erfahren hat in diesen Jahren, war hier nichts vergleichbares zu spüren. Die beiden großen Konfessionen, Katholiken und Protestanten, beherrschten nach wie vor das große Bild. Von den neuen Interchurch Bewegungen waren nach wie vor nur äußerst zaghafte

Ansätze sichtbar. Auch mit dem Thema Außerirdische waren immer noch die alten Vorurteile überschwer im Raum.

Zurück zur Realität, zu Indien und zu meiner Situation im Krankenhaus. Ich habe von einer Querschnittsklinik in Bangalore gehört, wo auch der Ashram ist. Außerdem ist in der Nähe das indische Krankenhaus von Sai Baba, von dem ich schon viel gehört hatte, wo Ärzte aus aller Welt unentgeltlich indische Patienten behandeln und wo ich unter dem Schirmmantel der großen Sai Baba Gemeinschaft wäre und es gibt sehr viele Sai Baba Leute in Neuseeland - ich fange an zu träumen, wieder mal. Die gefühlsmäßige Verbindung mit Neuseeland lässt mich nicht los.

Aber es ist keine Zeit mehr. Und zu guter letzt bindet mir jemand vom deutschen Konsulat in Goa den Bären auf, es gebe inzwischen in Deutschland Spezialkrankenhäuser, wo man in der Lage sei, mit Mikrosonden am Rückenmark selbst zu operieren. Es klang wirklich so, als wüssten sie Bescheid und ich hatte auf den ersten Blick keinen Grund das anzuzweifeln. Und ich muss auch sagen, die Temperaturen wurden am Schluss für einen Europäer in Goa zu heiß und im Krankenhaus doppelt zu heiß, um nicht zu sagen unerträglich. Ein Zimmer mit Klimaanlage konnte ich mir nicht leisten. Im Ende bleibt mir keine Wahl, ob ich nun wirklich überzeugt war oder nicht von dem, was mir erzählt wurde, es blieb mir wirklich keine Wahl als den Botschafter zurückzurufen und zu sagen, dass ich nach Deutschland zurück will. - Aber wenn ich mir jetzt schnelle und unbürokratische Hilfe von der Botschaft erwartet hätte, weit gefehlt. Die Halsoperation war noch nicht gemacht und mein Kopf steckte noch in einem Art Stahlrahmen, um Bewegungen einzuschränken, aber je länger dies hinausgezögert wurde, desto schlechter waren die Voraussetzungen für die Operation. Man hatte herausgefunden in Deutschland, dass da noch 10.000 € auf einem Treuhandkonto in Deutschland von einem Anwalt für mich verwaltet wurden (von denen selbst ich nicht wusste). Es wurde erst gewartet, bis die 10.000 € vollständig in Indien angekommen waren. Es vergingen wiederum Wochen bittern Wartens in der wachsenden Hitze. Keine schöne Situation. Eine Frage heute an den Botschafter und an die Bundesrepublik, wo war denn nun da eigentlich die unbürokratische Hilfe, die man mir versprochen hatte, sobald ich erkläre, dass ich nach Deutschland zurück will??

Endlich: Ende April: Flug nach Frankfurt, komme abends in der BGU Unfallklinik an. Dort weiß man nichts von Spezialkliniken, wo man mit Mikrosonden am Rückenmark operieren könne und so werde ich dort noch in derselben Nacht operiert ohne Mikrosonden. Es wird eine Halskanüle angelegt, eine durchaus übliche Praxis in so einem Fall, was mich heute zu einem extrem teuren Patienten für das Sozialamt macht mit 24 Stunden Pflege wegen dem häufigen Absaugen. Ich werde fünf Wochen in einem künstlichen Koma gehalten und in dieser Zeit über diese Kanüle beatmet. **Wäre die Kanüle sofort danach wieder geschlossen worden, hätte sich das vermeiden lassen, dass ich heute mit so einer Kanüle herumlaufe und mehrmals täglich abgesaugt werden muss und deshalb einen teuren 24 Stunden Pflegedienst brauche.** Bis mir diese Zusammenhänge klar wurden, war es schon längst zu spät. Meine Lunge hatte sich schon längst daran gewöhnt, ständig große Mengen an Lungenschleim zu produzieren, der alle paar Stunden herausgeholt werden muss. (Ich bin heute der Meinung, dass viel zu viele ältere Patienten in einer ähnlichen Lage sind wie ich und dass dies ein großes Geschäft für eine ganze Industrie ist letztlich auf Kosten der Krankenkassen und des Steuerzahlers.)

In der BGU erfahre ich von einem Förderverein für Querschnittsgelähmte, trete bei und von da an geht es für mich aufwärts. Die Leute besuchen mich auch und unter den Besuchern ist auch eines Tages Vera, Querschnittsgelähmte seit 26 Jahren und wir entwickeln sehr schnell eine Freundschaft, die schließlich und endlich zu einer Liebesaffäre wird (auch unter Schwerbehinderten gibt es das noch, was ich zunächst für illusorisch hielt.) Sie lädt mich ein, nach der Klinik in ihr kleines rollstuhlgerechtes Reihenhaus zu ziehen. Ich gehe für die letzten sechs Monate Krankenhaus auf Anraten ihrer Freunde in eine anthroposophische Klinik nach Herdecke. Vera und ich starten eine extrem intensive Telefonbeziehung. Wir telefonieren mehrmals täglich und wir gehen in der Zeit durch alle Höhen und Tiefen, durch die eine echte Beziehung gehen kann. Vera redet von Liebe und Heirat und sie ist so wortstark, ich habe ihr nichts entgegenzusetzen. Aber Herdecke wird für mich aus vielen Gründen eine Zeit tiefer Prüfung. Ich bin seit den letzten Monaten in der Frankfurter Klinik MRSA Patient. „Einzelhaft", wie ich das nenne. (MRSA, der Krankenhaus Keim, der in Krankenhäusern zu einem großen Problem geworden ist.) Für dich heißt das, dass du die ganze Zeit nur noch vermummte Gesichter siehst. Auch deine Besucher müssen sich vermummen. (Nur die Ärzte fühlen sich nicht an diese Vorschriften gebunden. Sie sind eben hierzulande immer noch die Götter in Weiß.) Aber es ist nicht deshalb, dass diese Zeit so hart und schwer für mich wird.

Es wird eine Zeit endloser schlafloser Nächte, in denen die Zeit stillzustehen scheint. Was bleibt, ist den Sekundenzeiger der Uhr zu beobachten und manchmal erscheint eine Stunde eine Ewigkeit. Du zählst wieder und wieder dieselben sinnlosen Dinge. Ich hatte viel spirituelle Praxis in meiner Neuseeland Zeit gemacht, dachte ich jedenfalls, aber hier erreiche ich wirklich meine Grenzen. Manchmal erscheint es so, als ob mein Verstand in manchen dieser Nächte sich von mir abschält wie eine dünne Schale. Ich brauche manchmal meine ganze Kraft, um mich zusammenzuhalten um nicht innerlich völlig auseinanderzufallen. (Ich würde mich ganz gerne mal mit Leuten unterhalten, die in einer ähnlichen Situation waren.) Ich habe viel Schmerzen, aber ich bin mir sicher, es gibt in der Hinsicht Schlimmeres. Am Tag ist es wieder besser. Ich habe ein ergo Telefon, das ich selbst bedienen kann und Vera und ich telefonieren manchmal mehrmals am Tag. Aber auch das wird sehr schnell zur Prüfung. Ich bin dieser Frau nicht gewachsen. Sie nagelt dich fest, sie gibt keine Ruhe, bis sie aus dir die Antworten herausgepresst hat, die sie hören will. Ich sage zu Herrn Wittmann (Name geändert), dem Sozialmenschen auf der Station, der mich ein bisschen in sein Herz geschlossen hat (bild ich mir ein), dass ich Angst habe vor dieser Frau, weil sie so stark ist und weil ich das Gefühl habe, dass sie ein Spielzeug sucht, auf das sie all ihre Redegaben und übrige Gaben (und das ist einiges) projizieren kann und das sie kommandieren kann, seien wir doch mal ehrlich mit den Tatsachen hier.

Die Frau ist ein ungeheures Talent. Sie hätte das Zeug am Fernsehen eine Talkshow zu moderieren. Sie ist ein Bündel von Aktivität, sehr willensstark. Aber es fehlt ein Zentrum in ihrem Leben, eine zentrale Aufgabe, vor allem natürlich, seit ihr Mann gestorben ist. Ich glaube, wir müssen noch viel dazulernen als Gesellschaft. Wir müssen aufhören, in überkommenen Kategorien zu denken: Arbeitsleben - Ruhestand - Rentnerdasein. Wir erziehen ältere Menschen zur Abhängigkeit bis hin zur Hilflosigkeit. Es muss wesentlich mehr Programme geben, das Potenzial dieser wachsenden Bevölkerungsgruppe auch für die Gesellschaft zu öffnen, nutzbar zu machen. Frankfurt leistet sich das sehr begrüßenswerte und vorbildliche, aber auch sündhaft teure Programm, pflegebedürftigen älteren Menschen in die Selbstständigkeit in ihren eigenen vier Wänden zu verhelfen anstelle einer Heimunterbringung.

Herr Wittmann findet für mich ein Heim, anders als die Norm, allerdings noch 200 km nördlich von Dortmund, noch viel weiter weg vom heimatlichen Bayern und meiner Verwandtschaft. Vera spürt sehr schnell, dass da was im Gange ist und setzt mich unter Druck, bis ich es zugebe, dass ich in ein Heim will. Und jetzt folgt eine Zeit, wo für drei Wochen es fast täglich hin und her geht. Sie bringt mich so weit, dass ich ihr verspreche, nicht in ein Heim zu gehen. All meine Argumente bläst sie weg wie eine Seifenblase. Ich sage ihr, ich kann nicht zu dir ziehen und einen sündhaft teuren 24 Stunden Dienst** in Anspruch nehmen. Ich habe in Deutschland nie regulär gearbeitet, nie eine müde Mark in irgendwas einbezahlt, was Staat ist, weder Steuern, noch Arbeitslosengeld, Rentenversicherung und habe Deutschland vor Jahrzehnten den Rücken gekehrt und fast 20 Jahre im Ausland gelebt und dann habe ich in Indien einen Unfall und bin in Geldnot und jetzt komme ich zurück in die Heimat und halte in großem Stil die Hand auf und lasse mich auf Kosten des deutschen Steuerzahlers rundum betreuen.

Für mich war das ein großes Problem und es gab Freunde, die mir das auch ganz offen vorgehalten haben, nachdem ich erzählt habe, dass ich nicht mal eine Reiseversicherung abgeschlossen hatte. Aber Vera bläst alle meine Argumente weg wie eine Ameise auf der Hand. In einem Heim gehst du unter, du wirst senil! Ihr Freund, der diesen Förderverein leitet, sagt, dass alle Behinderte, die sie in ein Heim vermittelt haben, oft in wenigen Jahren geistig abgebaut haben und die, die sie in die Selbstständigkeit vermittelt haben, hätten aufgeblüht usw.. Ich denke viel nach, versuche mir eine positive Situation in einem guten Heim vorzustellen. Es kommen zwei Personen von diesem Heim in Norddeutschland vorbei und ich versuche einen Eindruck zu gewinnen.

Es folgen drei schlimme Wochen, wo ich mich oft jeden Tag umentscheide. Es gibt in Herdecke ein paar Leute, die mich mögen, die mir zu helfen versuchen. Ich erlebe eine schlaflose Nacht nach der anderen, Nächte die unendlich lang sind. Nächte manchmal voll Panik. Ich treibe meine Freunde zur Verzweiflung mit meinem ständigen Wankelmut und Rückfällen. Am Tag ist da Vera am Telefon und wir kommen nicht voneinander los ist Aber in einer langen Nacht änderte ich plötzlich meinen Sinn. Nein, ich gehe nicht in dieses Heim. Irgendwas hat mir auch an den Leuten und dem Heim nicht gefallen. Aber der Hauptgrund für diesen plötzlichen Sinneswandel ist: das Schreiben.

Gut, ich nehme Vera Angebot an, selbst wenn sie mich an die Wand spielt. Aber ein eigener Pflegedienst gibt mir die Chance, noch etwas aus diesem neuen Leben zu machen und letztendlich auch was zurückzugeben an die Gesellschaft, die jetzt so viel Geld für mich zahlen muss. Ich kann schreiben, habe schon immer geschrieben und eigentlich gerne geschrieben. Aber ich hatte nie wirklich die Zeit oder hab sie mir nie genommen. Mein Leben birgt genügend Stoff für ein paar Bücher. Und ich wusste plötzlich, dass ich das tun kann. Irgendwie hatte ich ja die Idee schon lange aufgegeben, dass ich jemals das niederschreiben werde, das Material, aus dem sich mein erstes Buch nährt. Zu weit waren diese Ereignisse in die Ferne gerückt. Ich wollte über spirituelle Dinge schreiben und in meinem Kopf gingen alle Arten von spirituellen esoterischen Büchern, wie die Erdenspiele über unseren Tanz zwischen den Sphären größerer Welten.

Ich hatte zwei kleine Diktiergerätchen und sprach Stunden um Stunden von Material da drauf. Bis ich eines Tages merkte, ich muss mit dem Schreiben bei mir anfangen, bei der Geschichte meines Lebens. Und ich muss mir erst diesen Knoten, der über meinem Leben lastet, von der Seele schreiben. Ich muss da hindurch durch diese hohle Gasse sozusagen. Um wirklich weiterzumachen in meinem Leben, muss ich diese verrückte Geschichte niederschreiben. Und es ist doch wichtig, dass diese Dinge niedergeschrieben werden, auch wenn es vielleicht nur wenige sind, die diese verrückte Geschichte interessiert. Ja und ich hatte Jahre an meinem ersten Buch geschrieben. Es ist ein tiefer Prozess und ein tiefer Kampf..

Vor über 20 Jahren hatte ich in Neuseeland Zuflucht bei Spirit gesucht, Zuflucht weg von der Verzweiflung, in der ich mich damals wiederfand. Ich fand spirituelle Lehrer, die mir geraten haben, aus diesem Zug auszusteigen, das alles hinter mich zu lassen. Ich eröffnete einen Kristalladen in einem großen Markt, um aus meinem Gefängnis, meiner Isolation auszubrechen und wurde dort bald bekannt als der weiße Mann, weil ich für Jahre nur weiß getragen habe, was mir meine Lehrer geraten haben, um diese dunklen Schatten, dieses dunkle Karma, das über meinem Leben lastete, hinter mich zu bringen. Und für ein paar Jahre wähnte ich mich auf dem Weg zu einem normalen Leben, aber dann geschah es wieder, was mein Leben bis heute immer wieder überschattet hatte, plötzliche Schläge, über Nacht, wie aus dem Nichts, und wieder war ich auf dem Boden, dort von wo ich hervorgekommen war, zurück in meine Höhle. - Und jetzt springen wir ein paar Jahre zurück.

„Was für ein Karma!", dieser spontane Ausruf eines Freundes, der mich eines Tages in dem alten Hof besuchte, den ich gekauft hatte, dieser Ausruf klingt noch heute in meinen Ohren. Ich dachte drüber nach, mein Karma. Was ist es wirklich, dieses Karma, das ich mit mir trage. Aber wenig später trat ein Ereignis in meinem Leben, das erste in einer großen Reihe, das alles auf den Kopf stellen sollte, was in meinem Leben lieb und teuer war. Sechs

Jahre später floh ich von Deutschland in einem verzweifelten Schritt, um den Schatten zu entkommen, die mein Leben zur Hölle gemacht hatten. Im letzten Jahr suchte ich in München das erste Mal in meinem Leben eine Tarotfrau auf, kurz bevor ich Deutschland über Nacht verließ. Und die Frau konnte es nicht verhehlen. Sie versuchte, etwas zu finden, um mich aufzumuntern, eine Liebesbeziehung, etwas Schönes, was sie mir sagen kann. Aber sie schüttelte immer wieder den Kopf. Sie konnte es nicht verbergen, dass da wenig war, was sie mir auf meine Reise mitgeben konnte. Sie war sichtlich mitgenommen. Sie war total offen mit mir.

Mein Gott, so etwas habe ich noch nie - verbessert sich - selten gesehen. Nein, es war nichts Negatives, was sie mir sagte. Aber man spürte, dass sie ein starkes Bedürfnis hatte, mir etwas mitzugeben, etwas für mich zu finden, vor allem eine Gefährtin für den Weg, den ich vor mir hatte. Aber da war keine Gefährtin zu finden. Trotzdem wünschte sie mir alles Gute und viel Glück und sagte dann noch: es wird alles gut ausgehen. Nein, nach einer Gefährtin war mein Sinn in der Situation, in der ich war, gar nicht gewesen, ich wollte erst einmal zurückfinden zu einem normalen Leben. Ich war am Ende, war erschöpft, ausgelaugt gesundheitlich, geistig, moralisch. Ich konnte mich nicht mehr halten. Heute ist mir klar, was die Frau gesehen hat und was sie mir nicht sagen konnte. Ein knappes Jahr später war ich in Australien und meine Hoffnung, mich mit diesem Sprung zu befreien von dem Spuk, der in mein Leben getreten war, fand ein bitteres Erwachen und das neue Leben, das ich mir erkauft hatte, fiel leider etwas anders aus, als ich es geplant hatte...

Aber jetzt wieder der Sprung zurück über zwei Jahrzehnte ins Krankenhaus in Frankfurt. Ich bin also in Deutschland gelandet und mein Hund? Ich hatte meine Freunde ganz am Anfang vom Krankenhaus in Indien gebeten zu schauen, was mit meinem Hund ist, aber ich weiß es nicht, was damals wirklich geschah. Aber irgendetwas muss bitter schief gelaufen sein und ich habe versucht noch vom Krankenhaus in Indien aus und später vom Krankenhaus in Frankfurt aus, eine Lösung für sie zu finden, es waren ja neue Mieter für die Form gekommen, aber bis eine zufriedenstellende Lösung gefunden wurde, muss wohl viel Zeit vergangen sein und Tina (mein Hund) wurde in einem völlig verwahrlosten Zustand, abgemagert, voller Flöhe, extrem menschenscheu von einem Sohn meiner Vermieterin aufgegriffen. Es bedurfte viel Zeit und viel Zuredens, sie lief davon, versteckte sich, verkroch sich die meiste Zeit unter meinem Camper und zu meiner Vermieterin gebracht, die Tina in ihr Herz geschlossen hatte, aber schon unheilbar krank war (sie hatte Krebs) und ein halbes Jahr später ergab sich über eine Freundin in Neuseeland eine Gelegenheit, sie zu einem sehr lieben, älteren englischen Ehepaar zu bringen, die sich vorbildlich um sie kümmerten. Sie lebten an einem sehr speziellen Platz im Bay of Islands, wo auch ich mit meinem Hund des Öfteren spazieren gegangen bin, wenn ich meine Freundin besuchte. Ich war glücklich, dass sie endlich ein so schönes neues Zuhause gefunden hat an einem Ort, den sie schon kannte und an den auch ich gerne zurückdenke. Ich dankte unseren beiden Schutzengeln, dass sie das so wunderbar arrangiert hatten.

Aber ganz glücklich wurde sie auch hier nicht mehr. Und sie schien dort immer noch darauf zu warten, dass ich mal wieder dahin komme. Jedesmal, wenn ein großer weißer Lieferwagen, der ähnlich hoch war wie mein Camper, auf dem nahe gelegenen Parkplatz hielt, lief sie ganz aufgeregt dorthin, wedelte aufgeregt mit dem Schwanz und wartete darauf, bis der Fahrer ausstieg, und wenn es wieder jemand anderes war, trottete sie ganz enttäuscht zurück und verzog sich stundenlang in eine Ecke. Es tat mir so weh, als mir John und Ann, mit denen ich sehr häufig telefonierte, davon erzählten.

Tina, mein geliebter Hund und bester Freund für 13 Jahre.
In Auckland auch bekannt als der Hund mit dem Dreadlocks.
Ich hab ihr die aber nicht geflochten,
das hat sie irgendwie schon selber hingekriegt.
Sie war genauso wenig gestriegelt wie ihr Herrchen es war.
Wir beide waren ein wenig Wildfang, wie man so schön sagt.
Ich hab sie nur nach dem Baden gestriegelt
und dann hat sie sich sofort überall gewälzt. Voila

STIFTUNG

Ein kleiner Teil des Kaufpreises geht in eine Stiftung. Diese Stiftung ist noch nicht gegründet. Sie wird gegründet, wenn 5000 € Stiftungskapital zusammengekommen sind. Hier ein paar Worte zum Programm der Stiftung. Aufgabe der Stiftung ist zunächst eine Plattform zu bilden, auf der sich Menschen treffen, die an Zukunftsprojekten in den Bereichen Heilung, Erziehung und sanfte Technologien arbeiten und mitarbeiten wollen unter dem besonderen Aspekt einer humanen Gesellschaft, und eines von menschlichen Werten diktierten Einsatzes von Technologie. Wir wollen nicht, dass zukünftige Entwicklungen alleine den Technokraten überlassen werden. Wir wollen eine Bewegung in der Gesellschaft fördern, die aktiv für eine bewusstere Gestaltung zukünftiger Entwicklungen eintritt, indem u.a. klare Zielvorgaben und klare Prioritäten gesetzt werden. Wir treten ein für einen bewussteren Umgang mit dem großen "Kapital" Zukunft, das unsere Mitgift an die nächste Generation ist. Wir glauben, dass wir über die Technologie hinaus in die Zukunft denken können und dürfen.

Ich glaube, dass es hilft, zunächst weit hinaus in die Zukunft zu denken und zu projizieren und dann wieder zurückzukommen zum jetzt Machbaren. Leben auf anderen Planeten und Leben unter dem Meer etc. interessieren uns solange weniger bis die brennendsten Probleme des Lebens im Garten Eden - oder was wir davon bewahrt haben - gelöst sind. Mit fernen Welten wie Mond und Mars zu spielen, überlassen wir gerne den Köpfen der Technokraten. Uns interessieren Konzepte für ein besseres hier und jetzt auf dem blauen Planeten einschließlich seiner vernachlässigten Zonen. In einem Satz: Angestrebt wird ein Think Tank, der Zukunftsmodelle entwickelt, die den Menschen und seine Bedürfnisse zum Mittelpunkt haben und die den Mut haben, weit genug in die Zukunft zu blicken über die Ängste und Begrenzungen unserer Zeit hinaus.

Als Träger der Stiftung funktioniert zunächst ein einfacher Verein bürgerlichen Rechts ohne Eintragung jedoch mit Satzung. In der ersten Phase stelle ich mir die Plattform so vor, dass in den ersten Jahren alle drei Monate Treffen abgehalten werden und dazwischen alle Kommunikation per Internet passiert. Es werden Arbeitsgruppen gebildet (in der Anfangszeit muss viel Research unternommen werden). Es werden für die Arbeitsgruppen Webseiten eingerichtet etc.. Später wenn das Projekt reif ist, stärker öffentlich in Erscheinung zu treten, käme dann eine regelmäßige Internetzeitschrift hinzu. Allerdings ist darauf zu achten, dass der Aufbauprozess schrittweise erfolgt und nicht zu viel auf einmal in Angriff genommen wird. Der Wachstumsprozess der Kerngruppe sollte in der Anfangszeit eher langsam passieren um für ein solides, ausgewogenes Fundament zu sorgen. Es wird eine Kerngruppe von 5 bis 12 Leuten angestrebt, die von vornherein sicherstellt, dass die Gruppe nicht an organisatorischen Querelen auseinanderbricht. Es wird eine Satzung für das Projekt ausgearbeitet, die eine Kontinuität der Gruppe sicherstellt und von Anfang an für klare und überschaubare Verhältnisse sorgt. Ich gebe allerdings zu, vieles ist in diesem Stadium noch unausgegoren, muss noch ein wenig zurechtgestutzt werden, die nackte Realität muss noch ihren Tribut fordern. Vielen Dank.

Die Stiftung ist noch nicht gegründet, dafür fehlt noch das Gründungskapital. Dafür muss ich jetzt erst mal viele Bücher verkaufen. Sie hat einen vorläufigen Arbeitstitel und der ist VisioNova.

Packen wir's an, es ist viel zu tun!

**(Apropos 24 h Pflegedienst. Heute habe ich keine Skrupel mehr, dieses Geschenk anzunehmen aus den oben genannten Gründen. Die Hauptschuld an dieser Situation heute sehe ich bei der Medizin, die sich keine Gedanken macht über die spätere Situation ihrer Patienten. Man geht den technologischen Möglichkeiten moderner Medizin sehr großzügig um. Und man macht sich wenig Gedanken, wie man später die Patienten aus einer lebenslangen Abhängigkeit wieder befreien kann. Die Ärzte sind nach wie vor Götter in Weiß und sie sind es nicht gewohnt, ihre Entscheidungen rechtfertigen zu müssen. Ich sehe die Medizin, die bereitwillig Patienten abhängig macht, aber sich wenig Gedanken darüber macht, wie sie später diesen Patienten helfen kann wieder selbstständig zu werden, unabhängig von ständiger medizinischer Zuwendung, hier als den Hauptschuldigen. Und die traurige Wahrheit ist, dass mit abhängigen Patienten sehr viel Geld verdient werden kann.)

ANHANG UND AUSBLICK:
BILDMATERIAL:

Abbildungen:
Titelbild 123RF
1 Holzschnitt Flammarion
2 Holzschnitte das Narrenschiff
alle anderen Aufnahmen sind aus eigener Sammlung

BUCHPROJEKTE:
oder Koautor gesucht

Schreiben ist jetzt mein neuer Beruf geworden und ich habe eine ganze Liste von Themen und Buchprojekten, die ich gerne in Angriff nehmen würde, wenn ich die Zeit und die Gelegenheit finde in den nächsten Jahren.

Der Punkt um den es mir hier geht: Für viele dieser Projekte und ganz generell suche ich nach einem Koautor, natürlich auch aus dem Grund, dass ich heute gelähmt bin und rein technisch natürlich vieles selber nicht mehr selber machen kann, z.B. Zeichnungen etc., aber auch vieles andere ist für mich heute schwer zu organisieren. Dabei ist es für mich in Ordnung, wenn ich einen Hauptteil oder den Hauptteil der Schreibarbeit übernehme. Ich denke es macht auch mehr Spaß, wenn da noch ein Partner ist, mit dem man zusammenarbeiten kann. Ja, und dann ist da noch das Verwalten der Webseiten zu solchen Büchern. Auch da wäre es für mich eine große Erleichterung, wenn man sich das mit jemand teilen könnte. Von solchen Dingen verstehe ich weniger. Hier folgen ein paar der Themen, die sich auf meiner Liste befinden. Vielen Dank. Der Autor.

Die Insel
Ein Beitrag zur Reform des Strafvollzugs

Das Modell bietet als Gesamtmodell eine umfassende Lösung für A **humane Sicherungsverwahrung,** B **erfolgversprechende Resozialisierung** und C ist es als **Pilotmodell** gedacht, dessen Ergebnisse in eine zukünftige Reform des Strafvollzugs einfließen können.

(Das nächste Buchprojekt behandelt ein sehr aktuelles Thema, das im Moment für viel Furore sorgt: der Spionagewahn der NSA. Und danach noch ein paar weitere Projekte auf einer „ferner liefen Liste", für die ich noch wenig bis keine Vorarbeit geleistet habe. Das ist fernere Zukunft.)

Der Spionagewahn der NSA
NSA Spionage aus der Sicht des Researchers

NSA Spionage: um was geht es wirklich? Was konkret will die NSA oder der BND eigentlich mit all ihren gesammelten Daten? Die Telefonate und E-Mails von Abermillionen von Menschen. Ein ungeheurer Berg von Daten! Wir sind schockiert. Was geht hier vor sich? Wir fühlen uns nackt und wehrlos, bis auf die Haut ausgezogen von besessenen Datensammlern. Das schlimmste ist, dass wir nicht wissen, was die mit diesen Daten wirklich machen. Tatsächlich ist diese Situation ohne Beispiel in der menschlichen Geschichte. Ist Orwell's düstere Vision doch Wirklichkeit geworden? Ganz anders, als er das vorhergesehen hat? Was können wir tun? Wie können wir uns wehren? Aber dazu müssten wir zunächst einmal wissen, was die wirklich mit diesen Daten machen können und warum sie überhaupt lückenlos und flächendeckend die Daten vom Uni Professor bis zum letzten Primärschüler sammeln.

Ich bin Autor und Researcher und möchte einmal aus der Sicht des Researchers, der sich schon länger mit der Rolle der NSA beschäftigt, auf die Frage eingehen, was konkret will die NSA und der BND eigentlich mit diesem ungeheuren Berg von Daten? Die Telefonate und E-Mails von Abermillionen von Menschen. Was konkret wird damit gemacht, welche Macht über uns haben sie dadurch? Zunächst einmal ist die NSA der Kopf der Geheimdienste. Hier laufen alle Fäden zusammen. Und von hier kommen die Direktiven. Hier sitzen die Strategen, die die Strategien entwickeln, mit denen man hofft, Kontrolle über den Mainstream einer Gesellschaft ausüben zu können. Und die NSA sind die größte Hackerorganisation weltweit. Und da gibt es noch eine Reihe anderer Superlative, die für uns hier aber nicht wichtig sind. Für uns interessanter und potenziell gefährlicher ist eine andere Aktivität: das Voicescanning. Man ist in der Lage aus der Stimme einer Person eine Momentaufnahme des psychischen und physischen Zustandes der Person zu erstellen. Das spielt eine äußerst wichtige Rolle für eine ganze Reihe von Überwachungsmaßnahmen.

Aber trotzdem keine Angst. Ins Visier von Verfassungsschutz und BND zu kommen, ist wie ein Sechser im Lotto. Meine Schätzung ist,, dass es in der BRD zwischen 3000 und 6000 Leute sind, die der Verfassungsschutz ins engere Visier nimmt. Dann allerdings ist die Stimmeanalyse, das Voicescanning von entscheidender Bedeutung. Viel genauer als mit jeder anderen Methode lässt sich das Potenzial einer Person durch diese Methode einschätzen. Und die Stimme liefert auch Einblick in den momentanen Gesundheitszustand einer Person, was bei bestimmten Einsätzen unverzichtbar ist. Allein schon deshalb werden die Abhöraktivitäten weitergehen, komme was da wolle. Man muss davon ausgehen, dass der BND hier genauso involviert ist. Aber welche Personen haben eine Chance einen solchen Sechser im Verfassungsschutz Lotto zu ziehen. Nur böse Buben möchte man den denken. Naja, bei mir passierte es, nachdem ich 1980 sehr erfolgreich war im Organisieren einer Anti AKW Veranstaltung im schwarzen Passau. Aber leider trifft es nicht nur böse Buben. Es kann Leute treffen, die eine Karriere im Medienzirkus z.B. als Popstar etc. gemacht haben, aber eine Richtung einschlagen, die den Medienstrategen nicht gefällt. Das ist traurig, aber es gibt zu viele Beispiele dafür. In dem Buch Steinwurf gehe ich vielen dieser Fälle nach.

Noch ein paar weitere Buchprojekte auf meiner Liste:

Gestrandet - im Lande des Guido Knopp
Ein sehr persönliches Buch

Die öffentliche Meinung in Deutschland im festen Griff der Vorurteile.

„Nach zwei Jahrzehnten in Neuseeland kam ich plötzlich unvermittelt wieder zurück in meine alte Heimat und war schockiert - schockiert von den Vorurteilen gegenüber Themen, die von der offiziellen Linie abweichen. Das Land nach wie vor fest im Griff der beiden großen Konfessionen. Es ist so als ob sich seit 50 Jahren spirituell nichts verändert hätte. Alles was ein bisschen abseits des Mainstreams liegt, wird belächelt und abgeschoben ins esoterische Wunderland. Selbst etwas so selbstverständliches wie Homöopathie oder Astrologie wird hier in den deutschen Medien als Hokuspokus belächelt und abgetan. Tut mir leid, Herr Knopp, für mich ist das finsterstes Mittelalter! In Neuseeland gehörte in den Kreisen, in denen ich verkehrte, Channeling und die Kommunikation mit Spiritwesen zum Alltag und niemand hat da die Nase gerümpft und jeder hätte sich lächerlich gemacht, der den Wert und die Verdienste der Homöopathie oder Astrologie in Zweifel gezogen hätte. Fundamentalistische Christen haben irgendwann versucht gegen solches Teufelszeug Stimmung zu machen, haben sich aber im toleranten Klima Neuseelands nur lächerlich gemacht und sich dann schnell wieder zurückgezogen."

Adrenalin Sound

Kleines Research Buch,, das vor allem Soundspezialisten interessieren sollte.

Die Basis

Ein Buch über die Verankerung des Menschen

in der materiellen 3-D Welt. Ein neuer Blick auf alte Konzepte.

Die Dankeschön Seite:

Ich möchte mich hier von ganzem Herzen bedanken bei den vielen sehr speziellen Menschen, die ich auf meiner Reise kennengelernt habe, vor allem seit meinem Unfall und die mir so viel geholfen und gegeben haben, sowohl in Indien als auch dann hier in Deutschland. Es sind leider zu viele, um sie alle namentlich zu erwähnen. Ich habe wunderbare Menschen in den indischen Krankenhäusern getroffen, die mir geholfen haben. Und ich möchte mich auch bei den Pflegern hier in der BGU in Frankfurt und namentlich bei Dr. Oswald Marcus, einer der besten Ärzte, den ich kennen gelernt habe und den Pflegern und Ärzten im anthroposophischen Krankenhaus in Herdecke bedanken. Ich habe wunderbare Menschen darunter getroffen. Und ich möchte mich bei dem IAK, dem intensiv ambulanten Krankendienst in Frankfurt und dem Herrn Kapetanovic bedanken und ganz besonders der Marijana, mit der mich sehr viel verbindet und den vielen Pflegern. Besonders bedanken möchte ich mich bei Gitta und bei Helga und auch der tapferen Ilona und natürlich der Nathalie, mit der mich heute eine kleine Freundschaft verbindet. Leider kann ich hier nicht alle die vielen Pfleger erwähnen. An alle geht ein ganz besonderes Dankeschön. Wir haben gute und harte Zeiten erlebt und wir sind eine kleine Familie geworden.

Vor allem bedanken möchte ich mich bei meiner geliebten Galina, die sich in Indien unerschöpflich für mich eingesetzt haben. Und ein ganz spezielles Dankeschön geht an Irmgard Schmidt, die mir sehr viel geholfen hat mit ihren "Readings" und dafür nie etwas von mir haben wollte. Und vor allem möchte ich mich bei meinem Freund Andreas in Dortmund bedanken, den ich über meine spirituelle Gruppe kennengelernt habe und dem ich sehr viel zu verdanken habe und der mir sehr viel und sehr selbstlos geholfen hat. Und dann möchte ich mich vor allem bei meiner Schwester Christa Kiener und ihrer Familie bedanken.

Und ein spezielles Danke geht auch an meine Frankfurter Freunde, die Elisabeth, und an meine Hausärztin und Frau Dr. Hey und an Arne, meinen Betreuer und an die Therapeuten und natürlich an meine vielen Freunde in Neuseeland, allen voran meine Freundin Ines und an Irene und Reece. Und ein anderes spezielles Danke geht noch an Christl Markowetz, die dieses Buch für mich probegelesen hat und an all die Freunde, die ich nicht namentlich erwähnen kann. Und dann sind da noch die Leute, die mir mit dem Computer geholfen haben, ohne den ich diese Arbeit hier nicht machen könnte. Und da geht ein ganz großes Dankeschön nochmal an den Andreas und an den Sebastian und an die sehr freundlichen und zuvorkommenden Leute von der Firma Lifetool in Österreich. Die Integra Mundmaus ist für mich zu einem Sesam öffne dich geworden, zu einem Schlüssel für meine Verbindung zur Welt und zu Euch allen. Und ein ganz spezielles Dankeschön geht an Gita und Arno und Kurt, die für mich in Neuseeland Zeugenaussagen abgegeben haben und mir damit sehr viel geholfen haben. Danke aus vollem Herzen!

(Fehlerteufel: Ich hoffe, es ist mir jetzt gelungen, den Fehlerteufel in diesem Buch zu bezwingen, aber ganz sicher bin ich mir immer noch nicht. Ich benutze zum Arbeiten einen Spracherkenner und der ist sehr gut - großes Lob - aber manchmal ist er zu schnell und springt über Seiten und bevor du es mitbekommst, haben sich irgendwo im Text ganze Satzteile verdreht etc.. Ich komme mir manchmal wirklich vor wie der Meister Eder mit seinem kleinen Pumuckl... Es kann also sein, dass mitten im Text Wörter auftauchen, die da nicht hin gehören oder ganze Satzteile verloren im Raum stehen. Aber ich hoffe, ich habe jetzt all diese Stellen gefunden und wenn nicht, so hoffe ich auf Ihre werte Nachsicht...).

www.dieneuefitness.jimdo.de

Bitte die Website checken für Korrekturen und für Neues.

Und ich freue mich auf Feedback

Vielen Dank.

(V140822)